श्रेष्ठ गीत

श्रेष्ठ गीत

महादेवी वर्मा

राजपाल

स्थापित 1912
100 वर्षों की
श्रेष्ठ प्रकाशन परम्परा
राजपाल

₹ 275

ISBN : 9789350641446

प्रथम संस्करण : 2016, चौथा संस्करण : 2024

SHRESHTHA GEET (Poetry) by Mahadevi Verma

मुद्रक : जी. एस. ऑफसेट, दिल्ली

राजपाल एण्ड सन्ज़

1590, मदरसा रोड, कश्मीरी गेट, दिल्ली-110006

फोन : 011-23869812, 23865483, 23867791

e-mail : sales@rajpalpublishing.com

www.rajpalpublishing.com

www.facebook.com/rajpalandsons

सब आँखों के आँसू उजले
सबके सपनों में सत्य पला।

पृष्ठभूमि

सृष्टि-विकास-क्रम में न जाने कितने युगों, कल्पों के अगणित प्रयोगों एवं अनवरत साधना के पश्चात् प्रकृति ने मानव-जीवन की सिद्धि का वरदान पाया होगा, इसका निश्चय तो क्या, अनुमान लगाना भी अत्यन्त कठिन है। परन्तु इतना तो निश्चित है कि वनस्पति, प्राणी तथा पशुओं का केवल प्रकृति की प्रक्रिया से प्रेरित और परिचालित प्रगति-क्रम मनुष्य तक पहुँचकर सहसा स्वचेतन क्रिया के रूप में बदल गया।

मनुष्य को ज्यों ही यह बोध हुआ कि वह अपनी अनेक पूर्वस्थितियों का विकसनशील चेतना के बल पर अतिक्रमण करने के पश्चात् ही वर्तमान स्थिति तक पहुँचा है, त्यों ही वह अपने विकास को अपनी बाह्य एवं आन्तरिक आवश्यकता के अनुसार अपनी इच्छा और संकलन से गतिशील करने के लिए लालायित हो उठा। केवल देह-धर्म को लेकर चलनेवाली प्राणियों की स्थूल प्रवृत्ति को उसने अन्तर्मन के सूक्ष्म धरातल की ओर उन्मुख कर दिया।

प्रकृति ने भी अपनी साधना की चरम उपलब्धि--मानव को, सुगठित, उपयोगी अनन्यशरीर, रागमय प्राण, विधायक कल्पना और विवेकी बुद्धि का पाथेय देकर उसे संसार में स्वनिर्मित पथ पर चलने के लिए मुक्त कर दिया और वह अपनी रुचि एवं प्रयोजन के अनुकूल अपने अनुभव तथा बुद्धि से परिवेश और जीवन को नियमित तथा नियंत्रित करते हुए उत्साह के साथ आगे बढ़ने लगा।

अपने इस अभियान में चेतना और वाणी की सम्यक समृद्धि, जीवन की सुरक्षा का समुचित प्रबन्ध होने के पश्चात् ही उसने प्रकृति की पीठिका पर स्वार्जित संस्कृति का बीजारोपण किया होगा, यह सहज

ही अनुमेय है।

महादेवी जी ने लिखा है–'परिष्कार-क्रम तो जीवन की शपथ है, अतः प्रत्येक भूखण्ड के निवासी मानवों ने ज्ञात-अज्ञात रूप से अपने विकास की ओर यात्रा प्रारम्भ की होगी, यह तो निश्चित है, पर सबकी यात्रा के परिणामों का एक बिन्दु पर मिलना संदिग्ध रहेगा। नदियों का उद्गम एक हो सकता है, उनकी गतिशीलता भी निश्चित हो सकती है परन्तु गन्तव्य और दिशा का तटों से सीमित रहना अनिवार्य है। इसी कारण सभी खण्डों की मानव-जाति एक साथ बुद्धि और हृदय के संस्कार के एक ही स्तर पर नहीं पहुँच सकती। संस्कृति शब्द से हमें जिसका बोध होता है वह वस्तुतः ऐसी जीवन-पद्धति है जो एक विशेष परिवेश में मानव-निर्मित परिवेश सम्भव कर देती है और फिर दोनों परिवेशों की संगति में स्वयं आविष्कृत होती रहती है।

'मानव-समूह शून्य से किसी शून्य में अवतरित नहीं होता, वरन् वह विशेष भूखण्ड के विशेष प्राकृतिक परिवेश में जन्म और विकास पाता है। पृथ्वी एक होने पर भी अनेक आकर्षण-विकर्षणों से प्रभावित और विधिवत है, अतः तत्वतः एक होने पर भी मानव-जाति को अपने पृथक परिवेश के कारण भिन्न समस्याओं का सामना करना और भिन्न समाधानों को स्वीकार करना पड़ता है।

'प्राकृतिक परिवेश के साथ जैव प्रकृति की स्थिति धरती और बीज की स्थिति है, जो एक का दूसरे में रूप-परिवर्तन है और जिसमें आदि से अन्त तक बीज को अपने नित्य के पोषण-परिवर्द्धन के लिए ही नहीं, अपनी स्थिति के लिए भी धरती की आवश्यकता रहती है। यह नियम मानव-जीवन और उसके प्राकृतिक परिवेश के सम्बन्ध में और भी अधिक स्पष्ट हो जाता है, क्योंकि वह भूत-प्रकृति में जैव प्रकृति का श्रेष्ठतम रूप है।

'संस्कृति मनुष्य के बुद्धि और हृदय के जिस परिष्कार और जीवन में उसके व्यक्तिकरण का पर्याय है, उसका दाय विभिन्न भूखण्डों में बसे हुए मानव-मात्र को प्राप्त है, परन्तु संस्कृति की साहित्य में प्राचीनतम अभिव्यक्ति वेद-साहित्य के अतिरिक्त अन्य नहीं है।'

स्पष्ट है कि संस्कृति का आकलन और आयोजन मनुष्य के चतुर्दिक् फैली बाह्य प्रकृति और उसकी अन्तःप्रकृति की क्रिया-प्रतिक्रिया से ही सम्भव होता है और मानव की प्रकृति के प्रति संस्कारगत स्वाभाविक आत्मीयता उसकी स्वार्जित संस्कृति में संयमित मूल्यगत परिष्कार-प्रियता बन जाती है। वस्तुतः मूल्य केन्द्रित होना संस्कृति का प्रधान लक्षण है।

मूल्य प्रायः दो प्रकार के होते हैं—एक तो निमित्त और दूसरा स्वलक्ष्य मूल्य। निमित्त मूल्य की वस्तु, वह वस्तु होती है जो किसी अन्य उद्देश्य की साधन होती है। जब हम रोटी के मूल्य की चर्चा करते हैं तब मूल्य एक सापेक्ष मूल्य होता है, क्योंकि रोटी का मूल्य भूख मिटाने का साधन है। इसलिए यह एक निमित्त एवं गौण मूल्य है। स्वलक्ष्य मूल्य वह है जो किसी अन्य उद्देश्य का निमित्त अथवा साधन न होकर स्वयं आत्माश्रय होता है—उसका मूल्य वह स्वयं ही होता है। ज्ञानार्जन की अनन्त आकांक्षा, दार्शनिक चिंतन, अनुभवात्मक सृजन, शुभ संकल्प, आत्मिक जीवन के विकास, विस्तार और सम्भावनाओं का आग्रह, गुणात्मक उत्थान, सांस्कृतिक क्रिया-कलाप आदि ऐसे ही स्वलक्ष्य मूल्य हैं। संक्षेपतः इन्हें हम प्रयोजनीय और प्रयोजनातीत अथवा भौतिक और आध्यात्मिक मूल्य भी कह सकते हैं।

निमित्त मूल्य से मानवीय सभ्यता का, जिससे उसकी भौतिक-प्राकृतिक आवश्यकताओं की पूर्ति होती है और स्वलक्ष्यमूल्य से उसकी संस्कृति का और साहित्य का, जिससे उसकी आन्तरिक-आत्मिक आवश्यकताओं की पूर्ति होती है, विकास होता है। सभ्यता का उत्थान परिवेश की चुनौती से प्रेरित होता है और संस्कृति एवं साहित्य का उत्थान आत्मविस्तार की आन्तरिक प्रेरणा और संकल्प से गतिशील होता है। एक उसका निर्माण है तो दूसरा उसका संकल्पित सृजन। इन दोनों दिशाओं की प्रगति के लिए आधारभूमि प्रकृति ही है, इसमें सन्देह नहीं।

किसी मानव-समूह-राष्ट्र की संस्कृति से परिचित होने के कारण वहाँ के प्राकृतिक परिवेश की अवगति अनिवार्य है।

भारत एक बहुत विशाल और विस्तृत भूभाग है। अनेक प्रकार की

भौगोलिक स्थिति, जलवायु, प्राकृतिक सौन्दर्य, उर्वर क्षेत्र, वनस्पति-वृक्ष, वन-उपवन तथा पशु-पक्षी इसमें पाये जाते हैं। इसमें रहने वाले लोग, उनका रहन-सहन और उनकी बोलियाँ भी प्रकृति की तरह विविध हैं, किन्तु इन समस्त बाह्य विभेदों के रहते हुए भी सम्पूर्ण देश एक व्यापक तथा गहरी एकता के सुदृढ़ सूत्र में बँधा हुआ है।

उत्तर में नगाधिराज हिमालय और दक्षिण में हिन्द महासागर के कारण प्रायः सारे देश में एक ही प्रकार की ऋतु-पद्धति का उन्मेष पाया जाता है। आदिकाल से पर्वतों में हिमालय और सागरों में हिन्द महासागर का अपना एक अलग गौरव रहा है। संसार की संस्कृति-सभ्यता के आदिस्रोत स्थानों के मध्य में स्थित होने के कारण यह सागर सबके पारस्परिक मिलन-पथों को संयुक्त एवं प्रशस्त करने में अपना विशेष महत्त्व रखता है। इस देश के लिए यह पर्वत और यह सागर अक्षय वरदान है, यह सर्वविदित है।

ग्रीष्मकाल में सागर से वाष्प के बादल उठते हैं और हिमालय की ओर की यात्रा प्रारम्भ करते हैं। अपनी गगनचुम्बी चोटियों से हिमालय उन्हें रोक लेता है और कहीं बाहर नहीं जाने देता। चोटियों से टकराकर उन बादलों में से कुछ इस देश के सम्पूर्ण भूभाग को अपनी वर्षा से स्निग्ध और संसिक्त कर देते हैं और कुछ तुषार रूप में रूपान्तरित होकर हिमालय में ही जम जाते हैं, जो ग्रीष्म-ऋतु में गल-पिघलकर सरिताओं की सरस धारा के रूप में धरती की प्यास बुझाते हुए पुनः सागर में पहुँच जाते हैं। सागर और हिमालय की एक-दूसरे पर जलसिंचन की निरन्तर और अबाध यह केलि-क्रीड़ा सारे देश में मूसलाधार वर्षा और उसका अनुसरण करती हुई अन्य ऋतुओं का नियमित कारण बनती है। विशेषता यह है कि ऋतुओं की इस विशेष प्रक्रिया का उपहार सारे देश को प्राप्त होता है। इस प्रकार इस देश के प्राकृतिक परिवेश से यहाँ के निवासियों को कितना अन्न, कितना मधु, रस तथा प्रकाश और आनन्द मिलता है, इसकी गणना सम्भव नहीं है।

प्राकृतिक उपादानों द्वारा समस्त जीव-योनि तथा मानव को भरण-पोषण तो मिलता ही है, वे मानव के भावोदय में भी सहायक

हैं। प्रकृति एक ओर जीवन की स्थूल और अनिवार्य आवश्यकताओं की पूर्ति के साथ अपने सौन्दर्य, उल्लास और व्यापारों से मानव की अंतरंग अनुभूतियों को प्रेरित और प्रभावित करती हुई उसके और अपने बीच के रागात्मक सम्बन्धों का निर्वाह करती है, तो दूसरी ओर अपने नाना रूपों, गतियों, नियमों एवं ध्वनियों और चमत्कृत कर देने वाले विस्फोट नादों से मानव को अभिभूत करके उसके ज्ञान और दर्शन का सूत्रपात करनेवाले कुतूहल तथा जिज्ञासा का भी उन्मेष करती है।

कहना न होगा कि मनुष्य-जीवन की स्थिति, विकास और सांस्कृतिक संयोजन के लिए उसके चतुर्दिक् व्यापक प्रकृति–उसके नीचे की धरती और उसके ऊपर के विस्तार, आकाश–से कितना अधिक सहयोग, सौहार्द एवं सम्बल मिलता है। प्रकृति की रमणीय स्थितियों के ही कारण भारतीय, जीवन और जगत की गहनतम समस्याओं और आध्यात्मिक तत्वों के विश्लेषण-विवेचन और अनुभव करने में आदिकाल से ही सफल और सबसे आगे रहे हैं।

आर्यों ने अपने जीवन के विकास में इस भूभाग के प्राकृतिक परिवेश से कितना लाभ उठाया था, इससे हम भली-भाँति परिचित हैं। इसके हरे-भरे, पुष्पित-फलित वनों की स्निग्ध-शीतल-सरल छाया में सरिताओं के उर्वर तटों पर ही उन्होंने अपने आश्रम बसाये और बहुत थोड़े श्रम से प्राप्त कन्दमूल फलों को आहार बनाकर सुख और शान्तिपूर्वक अपना जीवन-यापन करने लगे। प्रकृति के विस्तीर्ण जीवन से ही उन्हें अपने जीवन की सारी सुविधाएँ मिलीं और उसी के मुक्त आत्मीय सहयोग-सम्पर्क से उनका जीवन निरन्तर विकसित होता गया। प्रकृति के जीवन्त तथा नियमित साहचर्य ने उन्हें सहज ही यह अनुभव करा दिया कि इस संसार में किसी का अस्तित्व अन्य सबसे नितान्त पृथक और विच्छिन्न नहीं है, क्योंकि इसके भीतर सभी का समावेश है।

अपने निरीक्षण में उन्होंने पाया कि आकाश में बिखरे असंख्य तारों का समूह, जागरण का सन्देश देने वाली स्मितवदना उषा, अनन्त आकाश में विचरण करनेवाले सूर्य-चन्द्र, मेघ, विद्युत तथा धरती में लहराती अगाध जलराशि, वर्षा, आँधी, तूफ़ान सभी परस्पर सम्बन्धित

और सापेक्ष हैं। दिन-रात और ऋतुओं के चक्र में उपस्थित होने वाले नियमित तथा निश्चित परिवर्तन, तथा पत्र-पुष्पों एवं फलों के रूप में वनस्पतियों का व्यवस्थित क्रम-विकास देखकर उन्होंने अनुभव किया कि प्रकृति का सारा कार्य-व्यापार एक निश्चित और नियमित रूप से गतिशील होता है और उसमें एक दृढ़ एवं अडिग व्रत पालन करने की प्रवृत्ति पायी जाती है। धरती और आकाश–निखिल प्रकृति के एक अटूट और अडिग सनातन सम्बन्ध ने, सृष्टि की अन्तर्निहित एकता ने उन्हें यह बोध करा दिया कि सारे विश्व में एक निरन्तर व्यवस्था की सुदृढ़ स्थिति वर्तमान है। इसमें किसी प्रकार की परिच्छिन्नता, कुप्रबन्ध एवं अव्यवस्था नहीं, वरन् एक पूर्वनिश्चित व्यवस्था, नियमबद्धता, क्रम-निर्वाह का अटल नियमन और संयमन है। प्रकृति की इस व्यापक व्यवस्था को उन्होंने 'ऋतु' की संज्ञा दी।

कहते हैं, काल की जो प्रक्रिया बाह्य प्रकृति में दृश्यों की रूप-रचना करती है, वही मनुष्य की अन्तःप्रकृति में भावोदय की भी विधायक है। यदि मनुष्य और प्रकृति एक-दूसरे से सर्वथा विजातीय तत्वों से निर्मित होते तो यह प्रक्रिया किसी तरह सम्भव न होती। वैदिक ऋषियों-कवियों ने अपनी अन्तश्चेतना के माध्यम से प्रकृति की बिखरी विभूतियों में एक ऐसी एकसूत्रता खोज ली जो उन्हें सबके साथ समता एवं आत्मीयता के बन्धन में बाँधकर उनके जीवन को एक व्यापक भूमिका में प्रतिष्ठित करने के साथ-साथ उनके सर्वतोन्मुखी विकास का साधन भी बन गयी। जब उन्होंने यह समझ लिया कि प्रकृति और मनुष्य किसी एक ही सर्वव्यापक सत्य के अंश या अंग हैं, तब वे सभी वस्तुओं में आत्मतत्व और आत्मतत्व के माध्यम से सबके समत्व का प्रतिपादन करने की ओर अग्रसर हुए। इस एकत्व, ममत्व और समत्व की भावानुभूति के कारण उन्हें सम्पूर्ण विश्व में एक ही आध्यात्मिक स्पन्दन अनुभव होने लगा तो यह स्वाभाविक ही कहा जायेगा।

वस्तुतः वे केवल तथ्यात्मक वैज्ञानिक जिज्ञासा की शान्ति अथवा मात्र पार्थिव प्रयोजन की पूर्ति के लिए कभी किसी वस्तु की ओर उन्मुख नहीं हुए, क्योंकि उनका उद्देश्य विश्व की विराट आत्मा के

साथ आत्म-मिलन की स्थिति शान्ति और आनन्द का अनुभव करते हुए सबके साथ सह-अनुभूति की उपलब्धि करना था। भारतीय वैदिक संस्कृति का सर्वप्रथम आग्रह और उपलब्धि यही है कि विश्व की प्रत्येक सत्ता के साथ मनुष्य का आत्मिक साहचर्य और समवाय है। उनकी दृष्टि में उदित होते हुए सूर्य का, प्रवाहित होते हुए जल का, पल्लवित-पुष्पित पृथ्वी का, ज्योति से जगमगाते आकाश का तथा सब जगह संचित वायु का स्वरूप उसी विराट का अभिन्न अंश है जो इनका मूल कारण है। इस प्रकार तन्मय प्रकृति-निरीक्षण और उसके साहचर्य से वैदिक ऋषियों-कवियों में सत्त्वोद्रेक की वह दिव्य दशा स्फुरित हो उठी थी जो आत्मा की अखण्डता और अनन्तता की मधुर अनुभूति से निरन्तर आलोकित रहती है और जिसके प्रकाश में बाह्य जगत की समस्त सत्ताएँ सम्बद्ध तथा एक ही शक्ति से स्पन्दित जान पड़ती हैं–'तमेव भान्तमनुभाति सर्व तस्य भासा सर्वमिदं विभाति'–उसी के प्रकाश से सब प्रकाशित होते हैं, उसी के प्रकाश से सम्पूर्ण जगत प्रकाशित होता है। अस्तु, अपनी आत्मा से विश्वात्मा के सम्बन्ध का अनुभव और इस अनुभव के फलस्वरूप सर्वभूतों के साथ आत्मीय एकात्मकता की प्राप्ति ही इस संस्कृति का चरम ध्येय रहा है।

प्रकृति के रूपों, गुणों और व्यापारों का निरन्तर साक्षात्कार करते-करते उनमें निहित सौन्दर्य, आत्मत्याग और नियमन का अनुभव करते-करते वैदिक ऋषियों के भावाकुल हृदय में काव्यमयी छन्दोबद्ध दैवी वाणी ऋचाओं में मुखरित हो उठी और उनके चिन्तन में दार्शनिक जिज्ञासा प्रस्फुटित हो उठी तो यह कोई आश्चर्य की बात नहीं। वास्तव में वेद-साहित्य भारतीय काव्य, दर्शन, अध्यात्म तथा संस्कृति के वट-वृक्ष को संवर्द्धन देने वाला अक्षय अमृत-रस है। इसीलिए इसके कवियों को 'पथिकृतं'–मार्ग बनाने वालों की संज्ञा दी गई है।

वेद-साहित्य के विषय में महादेवी जी का यह कथ्य उल्लेखनीय है–"वेद-साहित्य संकीर्ण अर्थ में धर्म-विशेष का परिचायक ग्रंथ-समूह नहीं है। उसमें न किसी धर्म-विशेष के संस्थापक के प्रवचनों का संग्रह है और न किसी एक धर्म की आचार-पद्धति या मतवाद का प्रतिष्ठापन

या प्रतिपादन है। वस्तुतः वह अनेक युगों के अनेक तत्वचिंतक ज्ञानियों और क्रान्तद्रष्टा कवियों की स्वानुभूतियों का संघात है। मनुष्य की प्रज्ञा की जैसी विविधता और उसके हृदय की जैसी रागात्मक समृद्धि वेद-साहित्य में प्राप्त है, वह मनुष्य को न एकांगी दृष्टि दे सकती है न अन्धविश्वास। वह तो मानवता के तारुण्य का ऐसा उच्छल प्रपात है जो अपने दुर्वार वेग को रोकने वाली शिलाओं पर निर्मम आघात करता और मार्ग देने वाली कोमल धरती को स्नेह से भेंटता हुआ आगे बढ़ता है। उस तारुण्य के पास अदम्य शक्ति, अडिग विश्वास और अपने सुन्दर परिवेश के लिए अम्लान भाव-सुमन हैं। वह जीवन से विरक्त नहीं होता, संघर्ष से पराजय नहीं मानता, प्रतिकूल परिस्थितियों से पराङ्मुख नहीं होता और कर्म को किसी कल्पित स्वर्ग-नरक का प्रवेश-पत्र नहीं बनाता।

"वेदकाल का मानव भौतिक जीवन का भावुक कलाकार ही नहीं, आत्मा का अथक शिल्पी भी है। प्रकृति में उसका सौन्दर्य-दर्शन केवल कोमल-मधुर तत्त्वों तक ही सीमित नहीं है, वरन् वह उग्र और रुद्र रूपों में भी आकर्षण का अनुभव करता है। जिस तूलिका से वह अपने पार्थिव परिवेश को उज्ज्वल रेखाओं और इन्द्रधनुषी रंगों में चित्रमयता देता है, उसी से अपने अन्तर्जगत् में मंगल संकल्पों को अजर मूर्तिमत्ता प्रदान करता है। उसकी जिस तुला पर ज्ञान की गरिमा तुलती है, उसी पर कर्म-पथ पर पड़े प्रत्येक पग का मूल्य निश्चित होता है। उषा की दीप्ति अंकित करने में जिस कुशलता का उपयोग हुआ है, वही नासदीय सूक्त में जिज्ञासाओं को सार्थक वाणी दे सकी है, जिस भक्तिजनित तन्मयता से वह ऋतु के रक्षक वरुण की वन्दना करता है, उसी के साथ इन्द्र के वज्र-निर्घोष के आह्वान में प्रवृत्त होता है। अपने-आपको 'पृथिवीपुत्र' की संज्ञा देकर वह धरती के वरदानों को जैसा आदर देता है, 'आत्मा का विनाश नहीं होता' स्वीकार कर वह अखण्ड चेतना के प्रति भी वैसा ही विश्वास प्रकट करता है। किसी अन्य युग के काव्य में जिन्हें स्थान मिलना कठिन है, उन विषयों को भी छन्दायित करने में ऋषि की प्रतिभा कुंठित नहीं हुई।"

प्रत्यक्ष है कि ऋषि-कवि की दृष्टि समग्रवादी होने के कारण

समन्वयशील है! वह अन्नमय कोश से लेकर आनन्दमय कोश तक की सम्पूर्ण स्थितियों को सहर्ष स्वीकार करता है। वह पृथ्वी के साथ आकाश एवं द्युलोक का स्मरण करना नहीं भूलता। इस प्रकार खण्ड सत्य एवं सौन्दर्य को एक अखण्ड व्यापक पीठिका के सन्दर्भ में देखने वाला उसका संस्कार जितना गहरा है, उसकी चेतनात्मक प्रज्ञा उतनी ही ऊँची है। इसी कारण सृष्टि की असीम विविधता और बाह्य भिन्नता को पारकर वह सबमें अनस्यूत एक तत्त्वगत एकता का सूत्र खोज लेता है और स्वयं उसके देवताओं की अनेकता एक अखण्ड व्यापक चेतन शक्ति में समाहित हो जाती है। अपनी उपलब्धि के उल्लास में वह मुखरित हो उठता है–'एकं सद् विप्रा बहुधा वदन्ति'–परमात्मा एक है, तो भी विद्वान लोग उसे अनेक नामों से पुकारते हैं अथवा 'कवयो वचोभिरेकं सन्तं बहुधा कल्पयन्ति'–कवि लोग एक परमात्मा की कल्पना अनेक प्रकार से करते हैं। स्पष्ट है कि भारतीय संस्कृति की आध्यात्मिक परम्परा का वैदिक काल में ही प्रौढ़ और पर्याप्त विकास हो चुका था। उपनिषदों में इस सांस्कृतिक उपलब्धि की दार्शनिक व्याख्या के साथ उसकी अनुभूति का महत्त्व प्रतिपादित किया गया है।

वैदिक भावना और विचार से रस ग्रहण करने वाली उपनिषद् का प्रारम्भ ही 'ईशावास्यमिदं सर्वं यत्किञ्च जगत्यां जगत्'–जगत् की प्रत्येक वस्तु में ईश का आवास है–से होता है। इस मान्यता के अनुसार सबमें व्याप्त एक परम सत्य की सत्ता ही इस विश्व को सत्य बनाती है। इतना ही नहीं ऋषि यह भी जानता है कि जो तेजोमय अमृतपुरुष विश्व-चेतना का स्रोत है, वही उसके अन्तःकरण में भी प्रतिष्ठित है और उसे इसके अनुभव तथा साक्षात्कार के लिए अपनी चेतना और विश्व-चेतना में समभाव की स्थापना अनिवार्य है, क्योंकि 'आत्मवत् सर्वभूतेषु' की साधना से ही यह महत्प्राप्ति सम्भव हो सकती है। उसका यह दृढ़ निश्चय और विश्वास है कि जो शक्ति विश्व के विराट रूपों में नाना भाँति से संचरित हो रही है, वही मनुष्य में आकर उसकी चेतना का रूप धारण करती है। दोनों में कोई तात्विक अन्तर नहीं, वरन अटूट समभाव है। 'अहं ब्रह्मास्मि', 'तत् सत्यं स आत्मा तत्त्वमसि', 'सर्वं

खल्विदं ब्रह्म' आदि घोषणाएँ इसकी साक्षी हैं। यह स्मरण रखना होगा कि विश्वात्मभाव की यह प्रतीति इंद्रिय-मन-बुद्धि से अतीत अनुभूति की-अनुभवगम्य प्रत्यक्ष की काव्यमयी अभिव्यक्ति है, क्योंकि इस परम बोध के लिए इन्द्रिय-मन-बुद्धि का निषेध कर दिया गया है-'नैषा तर्केण मतिरापनेया'। इसलिए कवि ने पुकार-पुकार कर कहा है-'शृण्वन्तु विश्वेअमृतस्य पुत्राः' अमृतपुत्र, तुम जिस जगत् में रहते हो उसका यथार्थ रूप समझो-

ब्रह्मैवेदममृतं पुरस्ताद् ब्रह्म पश्चाद् ब्रह्म दक्षिणतश्चोत्तरेण।
अधश्चोर्ध्वं च प्रसृतं ब्रह्मैवेदं विश्वमिदं वरिष्ठम्।।

अमृतरूप ब्रह्म ही इस विश्व में प्रसरित है। वही आगे-पीछे, दायें-बायें, बाहर-भीतर, ऊपर-नीचे सर्वत्र व्याप्त है, इस विश्व ब्रह्माण्ड के रूप में सर्वश्रेष्ठ ब्रह्म ही प्रत्यक्ष हो रहा है। वस्तुतः ज्ञाता, श्रेय, भोक्ता और भोग्य का विभेद व्यर्थ तथा भ्रामक है-हमारी अभावात्मक मनोवृत्ति का परिणाम है अन्यथा समात्मभाव की अनुभूति का उन्मेष होने पर मन-बुद्धि-हृदय सभी अभेदभाव एवं परस्पर प्रेम से भर जाते हैं और समस्त विश्व सच्चिनानन्दधाम के रूप में सौन्दर्य, माधुर्य का आधार बनकर आस्वाद्य हो जाता है। 'रसो वै सः'-ब्रह्म या आत्मा रसरूप है, परमास्वाद्य स्वरूप है, परम सौन्दर्य और माधुर्य का आधार है, परम प्रेमास्पद है। यह रसरूप ब्रह्म ही विभिन्न रूपों में प्रकट होकर आत्मरसास्वादन कर रहा है। वस्तुतः जीवन-जगत् की प्रत्येक स्थिति में रस का प्रवाह है, आनन्द की क्रीड़ा है, क्योंकि 'आनन्दं ब्रह्म', 'विज्ञानं ब्रह्म', 'मनो ब्रह्म', और 'अन्नं ब्रह्म', का आशय यही है कि समस्त विश्व ही प्रेम और आनन्द के सहित आस्वाद्य तथा रसमय है। इसलिए सबके प्रति समभाव-आत्मभाव रखना और सबमें अपने ही स्वरूप का समान अनुभव करना भारतीय आध्यात्मिक संस्कृति की मूल चेतना है।

रहस्यभूत आत्मतत्त्व का बोध कराने वाली इसी विद्या के कारण उपनिषद् का प्रयोग रहस्य के अर्थ में भी किया जाता रहा है। यह आत्मतत्त्व अन्य सभी रहस्यों से अधिक रहस्यभूत है, क्योंकि यह हमारे भीतर ही अत्यन्त निकट है, परन्तु मनुष्य इसे पहचान नहीं पाता। इस

आत्मतत्त्व-रूपी-रहस्य का अनुभव हो जाने पर संसार में दूसरी कोई वस्तु ज़ानने योग्य नहीं रह जाती–'एकस्मिन् विज्ञाते सर्वमिदं विज्ञातं भवति', यही इसका परम रहस्य है। बहुत सम्भव है कि आधुनिक युग में अध्यात्मकाव्य का नाम इसीलिए रहस्यकाव्य पड़ गया हो। जो भी हो इतना तो निश्चित है कि आत्मसाक्षात्कार या ब्रह्मविहार की यह क्षमता चिन्तन-मनन के पश्चात निदिध्यासान द्वारा अखण्डानुभव में ही सम्भव मानी गयी है। अद्वैतवादी महान दार्शनिक शंकराचार्य ने भी चिंतन-मनन की उपयोगिता स्वीकार करते हुए भी अन्त में अनुभव में ही सबका पर्यवसान माना है–'अनुभवावसानत्वात्सर्वसाधनानाम्' में इसी का उद्घोष है।

आत्मसाक्षात्कार या ब्रह्मानुभव में व्यक्तित्व के विलय की अपेक्षा व्यक्ति अपनी सत्ता क़ो अधिक सम्पन्न एवं सार्थक अनुभव करता है, यही स्वाभाविक भी है। इस अनुभवात्मक अवस्था को जीवनमुक्ति का नाम दिया गया है। गीता में इस स्थिति को प्राप्त करने वाले व्यक्ति को स्थितप्रज्ञ कहा गया है। स्थितप्रज्ञ व्यक्ति संसार की सापेक्षताओं से ऊपर उठकर अपने आप में पूर्णत्व का अनुभव करने लगता है। जीवन में ही उपलब्ध होने के कारण यह पूर्णत्व एक अनुभवात्मक, व्यावहारिक तथा वास्तविक अवस्था है, धारणा या सिद्धान्त मात्र नहीं। इस स्थिति में व्यक्तित्व का विलय नहीं, अपितु सबके प्रति सहज उदारता, समदृष्टि, सर्वकल्याण की भावना और समात्मानुभूति की महार्घता से संयुक्त होकर व्यवित स्वयं अधिक विकसित, प्रशस्त और व्यापक बन जाता है। इस भावभूमि में पहुँचकर मनुष्य व्यक्तिगत स्वार्थ, वर्ग-भावना, सामाजिक एवं राष्ट्रीय परिधि के परे सबके साथ समभावापन्न विश्वमानव की बृहत् भूमिका में प्रतिष्ठित होकर समस्त मानवता और सम्पूर्ण ब्रह्माण्ड से आत्मीय भाव स्थापित करते हुए–'सर्वभूतहिते रताः' की उच्चतम दशा में सम्वर्द्धित हो जाता है। सारांशतः सत्ता की उच्चतम अवस्था में सम्वर्द्धन--अपनी आत्मा के भीतर सम्पूर्ण सत्ताओं का अनुभव करना और सबके साथ एकात्मभूत हो जाना–ही इस आध्यात्मिक स्वभाव की पृष्ठभूमि है। यह अनुभव जीव को अहंभाव-जनित अहंकार और अज्ञान तथा कर्मफल से ऊपर उठा देता है और वह आत्मस्थित शान्ति का

अधिकारी बन जाता है।

अध्यात्म के इस भावोत्कर्ष को पारलौकिक तथा इसकी अनुभूतियों को असामान्य कहकर अप्रमाणित नहीं किया जा सकता, अन्यथा आज की सारी महत्वपूर्ण वैज्ञानिक उपलब्धियाँ अप्रमाणित सिद्ध हो जायेंगी। वास्तव में अध्यात्म प्रवृत्ति और ज्ञान, भाव और क्रिया, विचार और संकल्प का वह समन्वय है जो लोककल्याण का दृढ़ आधार है। मनुष्य का जीवन ज्ञान, भाव एवं क्रिया का सामंजस्य है और उसके सर्वांगीण विकास के लिए सत्य, सुन्दर और विश्व तीनों का समान महत्व है, क्योंकि उसका ज्ञान सत्य को, भाव सुन्दर को और कर्म शिव को आधार मानकर ही सफल और सार्थक हो सकता है। इसी कारण आध्यात्मवादियों के निष्काम कर्मयोग का अर्थ अकर्मण्यता कदापि नहीं, स्वार्थ की भावना त्यागकर निरन्तर कर्तव्य का पालना करना है। स्थितप्रज्ञ व्यक्ति आध्यात्मिक अनुशासन के अनुसार संसार में रहते हुए, निष्काम कर्म करते हुए आत्मोत्थान और लोककल्याण में साथ ही संलग्न रहता है। उसका जीवन द्वन्द्वातीत होने के कारण आनन्दमय होता है और वह अन्य समस्त प्राणियों को आनन्द-मार्ग पर अग्रसर करने की सतत चेष्टा करता रहता है। वह अपने अस्तित्व को दूसरे सभी अस्तित्वों के साथ एक मानता है। इस स्थिति में भावावेगमय अथवा बौद्धिक स्तर की कोई कामना उसके कर्मों का उद्देश्य नहीं हो सकती, तब तो उसके कर्मों का एकमात्र हेतु लोक-संग्रह ही हो सकता है—'चिकीर्षुर्लोकसंग्रहम्'। आशय यह है कि मनुष्य निःसंगता तथा अनासक्ति के अनुशासन से आन्तरिक जीवन के गम्भीर, गूढ़ और उच्च स्तरों में प्रवेश करने के पश्चात् भी सबके प्रति महामैत्री और महा-करुणा के भाव से मुक्त नहीं हो सकता।

मनुष्य चेतना की जिस अभिवृद्धि के कारण अन्य प्राणियों के समान केवल प्राकृतिक जीवन से सन्तुष्ट नहीं हो पाता, वह प्राकृतिक नियमों की ज्ञाता होने के कारण उनका अतिक्रमण कर अपने आन्तरिक प्रकाश और मौलिक भाव-विस्तार तथा प्रज्ञात्मक चिंतन के माध्यम से प्रकृति के परिष्कार-संस्कृति की सर्जनात्मक सीढ़ियों पर आरोहण करती हुई सर्वात्मचेतन और समात्मभाव की आध्यात्मिक भूमिका पर ही अपनी

पूर्णता प्राप्त करती है, क्योंकि संवेदना, चेतना की प्राकृतिक–प्रारम्भिक, विचार-दर्शन माध्यमिक, एवं अध्यात्म उसकी परिणति अथवा अंतिम स्थिति है। प्रकृति से संस्कृति की ओर का गुणात्मक विकास ही मनुष्य को पशु-प्राणी से एक नितान्त भिन्न स्थिति देकर उसे जीवन की सार्थकता की अनन्त सम्भावनाओं एवं क्षमताओं के प्रति जागरुक और उन्मुख करते हुए स्थूल प्रयोजनातीत स्वलक्ष्य मूल्यों के आकलन और अनुभव का उत्साह और आकर्षण देता रहता है। मनुष्य का यह सांस्कृतिक अभियान उसकी चेतना की उर्ध्वगामी वृत्ति का प्रमाण होने के साथ ही विभिन्न चेतनाओं के परस्पर साम्य का आधार–आत्मतत्व को जीवन के सर्वाधिक महत्वपूर्ण मूल्य के रूप में प्रतिष्ठित करने में भी सफल होता है। भगवान कृष्ण ने–'भूतानामस्मि चेतना' कहकर 'सर्व सर्वत्र सर्वदा' के अनुसार चैतन्य की सब कालों और स्थानों में अव्याहत सत्ता की स्थिति का संकेत करने के साथ स्थूल भेदों के भीतर सबमें व्याप्त चेतना के एकत्व तथा साम्य का भी उद्घाटन किया है।

इस चेतना से अनुप्राणित होने के कारण ही मनुष्य का जीवन प्रयोजनातीत असीमित आत्मिक परिधि की ओर निरन्तर विस्तारित होता रहता है और वह आत्मचेतन से सर्वात्मचेतन तथा सर्वात्मचेतन से परमात्मचेतन तक आरोहण कर जाता है और अपनी इस उपलब्धि को संस्कृति एवं साहित्य में प्रतिफलित करने के लिए भावात्मक रूप देकर आत्मभाव, सर्वात्मभाव तथा समात्भाव के सोपानों पर चढ़ता हुआ परमात्मभाव की उच्चतम भूमि में प्रतिष्ठित करता है।

प्राकृतिक प्रक्रियाओं के सर्वथा बहिर्भूत निर्माण और सृजन मनुष्य के जीवन की सबसे बड़ी विशेषता है, जो उसकी चेतना की प्रकृति-निरपेक्ष उच्च्च स्थिति का प्रत्यक्ष प्रमाण है।

सच तो यह है कि मनुष्य का संकल्पात्मक सृजन उस आध्यात्मिक विकास की प्रक्रिया का ही अंश है जो जड़ जगत् में सुप्तावस्था में है, वनस्पति-जगत में अर्द्ध-चेतन स्थिति में है, प्राणियों में चेतन और मनुष्य में आत्मचेतन होकर अभिव्यक्त हो रही है। जगत्-जीवन की विकास-प्रक्रिया को देखने-समझने से भी यह अनुमान लगाना सहज

है कि जड़ से चेतन, चेतन से आत्मचेतन, आत्मचेतन से सर्वात्मचेतन एवं सर्वात्मचेतन से परमचेतन,–परमात्मचेतन सत्ता तक पहुँचना ही इसका उद्देश्य है। तात्पर्य यह कि जो कालातीत सृजनशील आध्यात्मिक सम्पूर्ण गति, स्थिति, तर्क, ज्ञान-विज्ञान, समय और देश के अन्तर्गत विभिन्न स्तरों एवं स्थितियों से गुजरता हुआ क्रमशः विकसित और प्रत्यक्ष हो रहा है, मनुष्य की सृजनशक्ति उसी का अंश है। स्वभावतः वह आध्यात्मिक है। पूर्णता की उसकी यह घोषणा इसका अकाट्य प्रमाण है–

ओं पूर्णमदः पूर्णमिदं पूर्णात्पूर्णमुदच्यते।
पूर्णस्य पूर्णमादाय पूर्णमेवावशिष्यते।।

विश्वव्यापी सत्ता पूर्ण है। यह व्याप्त आत्मा भी पूर्ण है, क्योंकि वह पूर्ण से उत्पन्न है। उस पूर्ण के इस पूर्ण अंश व्यक्ति–आत्मा का ज्ञान प्राप्त करने से उस विश्वव्यापी पूर्ण का ज्ञान प्राप्त हो जाता है। 'आत्मानं विद' ज्ञान का महामन्त्र इसीलिए माना गया है। यह स्मरण रखना होगा कि यहाँ ज्ञान का अर्थ अनुभूति या साक्षात्कार ही है। अन्यत्र इसे स्पष्ट भी किया गया है–'ब्रह्मविद् ब्रह्मैव भवति'। अध्यात्म के अनुसार इस निखिल ब्रह्माण्ड में ब्रह्म ही व्याप्त है। संसार की सभी वस्तुएँ–जड़-चेतन अथवा आत्मचेतन सृष्टि ब्रह्म के संकल्प से ब्रह्म से ही उत्पन्न हुई हैं, ब्रह्म ही के द्वारा विकसित होती है और पुनः ब्रह्म में ही अन्तर्लीन हो जाती है। प्राणियों में केवल मनुष्य ही स्वचेतन और स्वानुभूति का अधिकारी एवं संकल्प में स्वतंत्र होने के कारण इस शाश्वत सत्-चित्-आनन्द की सत्ता का अनुभव कर सकता है। स्वयं उसके भीतर यह पूर्णत्व आत्मस्वरूप में परिव्याप्त है। इसीलिए कहा भी गया है–'नहि मानुषात् श्रेष्ठतरं हि किञ्चित्'।

आत्मचेतन-जिज्ञासा के स्फुरण में मनुष्य अनुभव करता है कि वह केवल व्यक्तिगत प्राणी ही नहीं, विश्वगत सत्ता का प्रतिनिधि है। इस आध्यात्मिक उन्मेष में वह अपने व्यक्तित्व को प्रकृति तथा स्वभाव, प्राण और आत्मा, व्यष्टि और समष्टि के सामंजस्य का एक ऐसा आधार अनुभव करने लगता है जो पृथ्वी का पुत्र और स्वर्ग का

उत्तराधिकारी है। स्वभावत: आत्मप्रकाश करने की प्रत्याशा और प्रयास में वह किसी प्रकार की सीमा स्वीकार नहीं करना चाहता। जीवन के समग्र और सम्पूर्ण रूप में देखने और ग्रहण करने की यह अदम्य आन्तरिक स्फूर्ति मानवीय व्यक्तित्व में आत्मप्रतिष्ठा का ही प्रमाण है। मनुष्य के भाव, ज्ञान, क्रिया, संकल्प और सृजन सभी उसके इस आध्यात्मिक बोध के द्वारा अनन्त आनन्द, अनन्त ज्ञान तथा अनन्त शक्ति में परिवर्तित हो जाते हैं, इसमें सन्देह नहीं है।

सब भूतों में व्याप्त एक अन्तर्यामी तत्व की अवगति और अनुभव से मनुष्य के भीतर समस्त विश्व के प्रति अनन्त मैत्री एवं साम्य-भावना उज्जीवित हो उठती है और वह सबके साथ सद्भावपूर्ण संतुलित स्थिति प्राप्त करने के लिए उत्सुक हो उठता है। सबके प्रति अद्रोह, आत्मीयता और सम्प्रीति का यही भाव उसकी आध्यात्मिक प्रेरणा का चरम साफल्य है।

इस आत्मचेतना का कोई आरम्भ नहीं, यह अनादि-अनन्त है, क्योंकि किसी ऐसे समय की ओर संकेत नहीं किया जा सकता जबकि इसका अस्तित्व नहीं था। मनुष्य के मस्तिष्क तथा स्नायुओं की सब प्रक्रियाएँ–जीवन की सब क्रियाएँ तथा संवेदनाएँ और उसके इतिहास में पाये जाने वाले तथ्यों की समस्त शृंखलाएँ आदि सभी विश्वव्यापी आत्मचेतना से उद्भूत हैं। विश्व का निखिल विकास शाश्वत एवं विश्वव्यापी आत्मचेतना की अभिव्यक्ति है। विश्व-क्रम की सर्वोत्तम उपलब्धि होने के कारण निश्चय ही यह आत्मचेतना मनुष्य में सर्वाधिक प्रस्फुटित रूप में वर्तमान है। इसलिए उसकी सभी क्रियाएँ अन्य प्राणियों की क्रियाओं की अपेक्षा उत्कृष्ट और प्रामाणिक होती हैं। उसका ज्ञान भी केवल संवेदनात्मक ज्ञान न होकर संवेदनाओं द्वारा प्राप्त एक व्यवस्थित प्रक्रिया का रूप धारण कर लेता है, जो आत्मचेतना के बिना सम्भव नहीं। जिस प्रकार ज्ञान का अनुभव ज्ञाता के बिना नहीं हो सकता, उसी प्रकार जीवन-सम्बन्धी आवश्यकताएँ तथा मूल प्रवृत्तियाँ मात्र, मानवीय कर्म नहीं हो सकतीं, आत्मचेतना के कारण उसकी क्रियाएँ-प्रतिक्रियाएँ एक विशेषत्व प्राप्त कर लेती हैं। उसकी आत्मा उसके ज्ञानात्मक, क्रियात्मक तथा भावात्मक व्यवहार को एक विशेष महिमा से मंडित कर

देती है। उसकी मूल प्रवृत्तियाँ केवल मूल प्रवृत्तियाँ ही नहीं रह जातीं, वे ज्ञान, संयम, संकल्प से उद्देश्यात्मक एवं मूल्यगत आकांक्षाएँ बनकर उदात्त स्थिति में आरूढ़ हो जाती हैं। प्रबुद्ध आत्मिक प्राणी होने के कारण उसके स्वभाव में इन विशेषताओं का संचयन हुआ है।

मनुष्य अपने इस आत्मचेतन सात्त्विक स्वभाव को अपनी संस्कृति और अपने साहित्य में प्रतिष्ठित करता है। 'तत्सुखं सात्त्विकं प्रोक्तमात्मबुद्धि प्रसादजम्'–आत्मनिष्ठ बुद्धि अर्थात् सब भूतों में एक ही आत्मा की स्थिति के ज्ञान और अनुभव से जो सुख प्राप्त होता है, वही सात्त्विक है। इसी सात्त्विकता के आग्रह, अनुशासन और व्यवहार से उसकी आध्यात्मिकता का बोध होता है–'उर्ध्व गच्छन्ति सत्त्वस्था अधो गच्छन्ति तामसाः'–सत्त्व उर्ध्वगति देता है और तामस नीचे की ओर खींचता है। लघिमा-गुरुत्व (Levity-Gravity) का वैज्ञानिक सिद्धान्त भी बहुत अंशों में इसका समर्थन करता है। परमाणु (Atom) का स्वरूप लघिमा (Levity), विद्युत और गुरुत्व (Gravity) चुम्बक से निर्मित है–दोनों का अद्भुत सम्मिलन है। भौतिक जड़-जगत का छोटे-से-छोटा अंश भी सात्त्विकतामस गुणों से समन्वित है। उसकी यह ध्रुवीयता क्या उसके प्राकृतिक-आत्मिक स्वरूप का प्रमाण नहीं है? जो भी हो, इतना तो प्रत्यक्ष है कि मनुष्य का शरीर इन्द्रियों तथा प्राण-चेतना से अनुप्राणित है, किन्तु उसकी इन्द्रियाँ प्राण-चेतना से ही परिचालित होती हैं। इन्द्रियों में मन और बुद्धि को सबमें श्रेष्ठ माना जाता है, किन्तु वे भी देह या प्रकृति के ही विकार मात्र हैं। मन और बुद्धि के पृथक कार्यों को व्यवस्थित एवं संग्रथित करने का कार्य आत्मा ही करती है। कठोपनिषद् में बताया गया है–

इन्द्रियेभ्यः परा ह्यर्था अर्थेभ्यश्च परं मनः।
मनसस्तु परा बुद्धिर्बुद्धेरात्मा महान् परः।।

विषय, इन्द्रियाँ, मन, बुद्धि एक-दूसरे से परे तथा श्रेष्ठ हैं, किन्तु बुद्धि से भी परे इन सबका अधिपति आत्मा श्रेष्ठ है।

इतना ही नहीं, यह भी कहा गया है कि मनुष्य के अन्तःकरण के मध्य में जीवात्मा और परमात्मा दोनों ही छाया और धूप की भाँति

स्थित हैं और मनुष्य अपनी साधना से इनका अनुभव और साक्षात्कार कर सकता है। यद्यपि इस बोध-पथ की दुर्गमता का कवियों ने उल्लेख किया है–'दुर्गं पथस्तत्कवयो वदन्ति', फिर भी उनके अनुभवों के सहारे इसे पार किया जा सकता है। भारतीय साहित्य में कवि को द्रष्टा तथा आत्मसाक्षात करने वाले का गौरव दिया गया है। 'कविर्मनिषी परिभूः स्वयम्भूः' तथा 'ऋषयो मन्त्रद्रष्टारः' आदि में कवि को ऋषि की समकक्षता देकर उसे क्रान्तदर्शी, सर्वद्रष्टा एवं सर्वज्ञ के रूप में भी प्रतिष्ठित किया गया है। सबसे बड़ी बात यह है कि आत्मबोध की स्थिति में बाह्य प्रकृति और अन्तःकरण की संवेदनात्मक, प्राणात्मक एवं भावमय, मनोमय तथा बौद्धिक एवं आत्मिक वृत्तियों का ऐसा समाहार हो जाता है कि व्यक्ति अभेद और अद्वैत की भूमिका में संचरण करने लगता है, जहाँ उसके अन्तःकरण का साक्ष्य ही सबसे बड़ा प्रमाण होता है–'सतां हि सन्देहपदेषु वस्तुषु प्रमाणमन्तः करणप्रवृत्तयः'।

कहने का आशय यह कि आत्मिक-सांस्कृतिक अनुभवों, क्रियाओं और मूल्यों की व्याख्या और जीवन के परम मूल्य अध्यात्म का विश्लेषण-अन्वेषण करने वाले चिन्तनात्मक दर्शन तथा उसे भावात्मक दृष्टिकोण से प्रतिफलित करने-वाले सर्जनात्मक काव्य में हमारे यहां कोई भी विरोध नहीं रहा, क्योंकि दोनों का उद्देश्य एक ही है। 'आत्मवत् सर्वभूतेषु यः पश्यति स पश्यति' के भावात्मक समात्मभाव का ही उन्मेष दर्शन में 'समोऽहं सर्वभूतेषु' के सर्वात्मवाद में प्रतिष्ठित होता है, और अनुभूति अथवा आत्मसाक्षात्कार को ही दोनों में प्रधानता दी गयी है। वस्तुतः अध्यात्म-काव्य और अध्यात्म-दर्शन में व्यक्ति के प्राकृतिक व्यक्तित्व की पृथकता का कोई स्थान नहीं है, क्योंकि व्यक्तिमत्ता आत्मिक चेतना का रूप न होकर ऐन्द्रिक संवदेना का ही लक्षण और प्रतीक है। आत्मिक समभाव प्रकृति और संवेदना का अतिक्रमण करता हुआ प्रकृति, व्यक्ति और आत्मा, तीनों का अपने में समाहार कर लेता है–'भोक्ता भोग्यं प्रेरितारं च मत्वा सर्वं प्रोक्तं त्रिविधं ब्रह्ममेतत्', भोक्ता (जीवात्मा), भोग्य (प्रकृति, पदार्थ) और प्रेरक आत्मा ये तीनों ब्रह्म के ही रूप हैं।

उपर्युक्त विवेचन से स्पष्ट है कि भारतीय काव्य की सर्जनात्मकता सरसता और चिंतनात्मक दर्शन की गम्भीरता, दोनों में ही वैदिक ऋषियों-कवियों ने आध्यात्मिक अनुभूति के महत्त्व को मान्यता देते हुए संस्कृति तथा साहित्य का सूत्र संचालन किया था। दोनों प्रणालियों का दाय हमारी संस्कृति और हमारे काव्य-साहित्य में सुरक्षित है। आध्यात्मिक भावानुभूति और तत्त्वमीमांसा दोनों के अनुसार विश्व का अनेकत्व केवल भौतिक व्यक्त सत्ता तक ही सीमित है, सूक्ष्म रूप में विश्व की आधारभूत सत्ता निश्चय ही एक एवं अद्वैत है। आधुनिक विज्ञान भी इस अद्वैतवादी सिद्धान्त का समर्थन करता है।

सबसे महत्त्वपूर्ण बात यह है कि भारतीय अध्यात्म-दर्शन ब्रह्म को भौतिक जगत का अव्यक्त कारण मानकर तथा विश्व को उसकी भौतिक अभिव्यक्ति मानकर तत्त्वात्मक द्वैतवाद (metaphysical dualism) का अन्त कर देता है। जब ब्रह्म विश्व की आधारभूत सत्ता है और विश्व की उसकी भौतिक अभिव्यक्ति है, तब वह ब्रह्म स्थूल एवं सीमित न होकर अव्यक्त, सूक्ष्म, सर्वव्यापी, शक्तिमान, सतचित्-आनन्दस्वरूप ही हो सकता है, क्योंकि ऐसी ही सत्ता तथ्य और मूल्य विज्ञान और धर्म तथा भौतिक जगत और आत्मा के समन्वय का स्रोत तथा आधार बन सकती है। इसीलिए भारत में व्यक्ति और समाज में, आत्मा और ब्रह्म में, भौतिकता और अध्यात्म में द्वैत को केवल अज्ञानजनित अस्थायी द्वैत माना गया है और इनके एकत्व एवं अद्वैत को ही वास्तविक माना गया है। जब तक तत्त्वात्मक दृष्टि से सत् मात्र को अद्वैत न मान लिया जाये तब तक व्यक्ति व्यावहारिक तर्क के ऊपर नहीं उठ सकता और तत्त्वात्मक यथार्थ ज्ञान के अभाव में व्यावहारिक तर्क के द्वैत की भ्रांति यथार्थ ही प्रतीत होती रहेगी। इस भ्रांति को दूर करने के लिए समात्मभाव का आकलन अनिवार्य है–'सर्वं यदयमात्मा', 'अयमात्मा ब्रह्म' आदि अनुभूत प्रौढ़ उक्तियाँ समात्मभाव की ही संकेत-लिपियाँ हैं।

सबके साथ आत्मा के समभव और आत्मविस्तार, आनन्दानुभव एवं रसोद्रेक की सम्प्रेषणीय अभिव्यक्ति का सर्वाधिक समर्थ और सक्षम माध्यम होने के कारण साहित्य, विशेषतः काव्य, संस्कृति का

अनन्य सहयोगी और संरक्षक रहा है। धर्म, दर्शन, संस्कृति और साहित्य का प्राचीनतम् रूप काव्य ही है। किसी मानव-समूह की संस्कृति को पूर्णरूप से हृदयंगम करने के लिए निश्चित और व्यापक आधार उसका काव्य-साहित्य ही होता है, क्योंकि उसमें जीवन-जगत्-सम्बन्धी अन्य अनेक विशेषताओं और मूल्यों के साथ मानवीय जीवन का उच्चतम आध्यात्मिक मूल्य भी भावात्मक रूप में अभिव्यक्त होकर प्रतिष्ठित होता चलता है। काव्य, अध्यात्म को सौन्दर्य के माध्यम से बोधगम्य बनाकर उसे अनुभव के रूप में उपस्थित करते हुए उसके साक्षात्कार को सहज सम्भव और सर्वसुलभ बना देता है। इसीलिए आध्यात्मिक आनन्द को काव्य के माध्यम से व्यक्त करने की भारतीय परम्परा अबाध और अविच्छिन्न रही है।

महादेवी जी ने माना है–"काव्य में कला का उत्कर्ष एक ऐसे बिन्दु तक पहुँच गया, जहाँ से वह ज्ञान को भी सहायता दे सका, क्योंकि सत्य काव्य का साध्य और सौन्दर्य उसका साधन है। एक अपनी एकता में असीम रहता है और दूसरा अपनी अनेकता में अनन्त, इसी से साधन के परिचय स्निग्ध खण्डरूप से साध्य की विस्मयभरी अखण्ड स्थिति तक पहुँचने का क्रम आनन्द की लहर पर लहर उठाता हुआ चलता है।"

वास्तव में आध्यात्मिक भावानुभूति और उसकी अभिव्यक्ति का काव्य अन्यतम साधन है, क्योंकि वह स्वानुभूति, सहानुभूति तथा समानुभूति के उत्कर्ष से गतिशील होता हुआ समात्मानुभूति के धरातल पर आरूढ़ होकर सबकी चेतना के रसोद्रेक और आन्तरिक आनन्द का केन्द्र बनने में सहज ही सक्षम है। आदिकाल से रस-राग की इसी अन्विति के कारण काव्य मानवीय विकास के सांस्कृतिक क्षेत्र में आध्यात्मिक दिव्यालोक का वितरण और प्रकाशन करता रहा है और भविष्य में भी करता रहेगा, ऐसा मेरा विश्वास है।

काव्य मनुष्य के आन्तरिक-आत्मिक रूप का विस्तार करने के साथ उसकी संवेदना और उसके भावबोध का परिष्कार भी करता है और इसी कारण वह संस्कृति का अभिन्न अंग भी माना जाता है। स्वभावतः भारतीय काव्य, दर्शन, धर्म और अध्यात्म सभी उसकी

अद्वैतात्मक सांस्कृतिक अनुभूतियों की अभिव्यक्ति की विभिन्न प्रणालियाँ मात्र हैं, मूल रूप से सभी एक हैं।

आधुनिक युग में महादेवी जी अपनी संस्कृति का पूर्ण निर्वाह और प्रतिनिधित्व करने वाली अध्यात्म-दर्शन की सांस्कृतिक कवयित्री हैं। जीवनव्यापी आध्यात्मिक एकता की अथक खोज ही उनके काव्य का मूलस्वर है। भारत में दार्शनिक कवियों की कमी नहीं रही, परन्तु उपनिषदों के पश्चात् कवि-दार्शनिक विरल ही रहे हैं। महादेवी जी का काव्य कवि-दार्शनिक की उच्च भूमिका में प्रतिष्ठित है। इस घोर वैज्ञानिक युग में भी आध्यात्मिक साधना के प्रति एक भावात्मक-सृजनात्मक दृष्टिकोण तथा अनुभूति की अभिव्यक्ति का श्रेय महादेवी जी को प्राप्त है। उन्होंने लिखा है–'इस बुद्धिवाद के युग में भी मुझे जिस अध्यात्म की आवश्यकता है वह किसी रूढ़ि, धर्म या सम्प्रदायगत न होकर उस सूक्ष्मता की परिभाषा है जो व्यष्टि की सप्राणता में समष्टिगत एकप्राणता का आभास देती है। इस प्रकार वह मेरे सम्पूर्ण जीवन का ऐसा पूरक है जो जीवन के सब रूपों के प्रति मेरी ममता समान रूप से जगा सकता है। भौतिकता के कठोर धरातल पर तर्क से निष्करुण और हिंसा से जर्जरित जीवन में व्यक्त युग को देखकर स्वयं कभी-कभी मेरा व्यथित मन अपनी करुण भावना से पूछना चाहता है–"अश्रुमय कोमल कहाँ तू आ गयी परदेशिनी री?" पर मेरे हृदय के कोने-कोने में सजग विश्वास जानता है कि जिस विद्युत के भार से कठोर धरती फट जाती है उसी को बादल की सजलता अपने प्राणों का आलोक बनाये घूमती है। अग्नि को बुझाने के लिए हमें उसके विरोधी उपादानों में ही शक्तिशाली जल की आवश्यकता होगी, अंगारों के पर्वत और लपटों के रेले की नहीं।

'जीवन के इतिहास में पशुता से पशुता की, कठोरता से कठोरता की और बुद्धि से बुद्धि की कभी पराजय नहीं हुई, इस चिर-परिचित सिद्धान्त की जैसी नयी कसौटी हम चाहते थे वैसी ही लेकर हमारा ध्वंस-युग आया है। इसके ध्वंसावशेष में निर्माण का कार्य मनुष्यता, करुणा और भावनामूलक विश्वास ही से हो सकेगा, यह मैं नहीं भूलना चाहती।'

इस कथन में अध्यात्म के आग्रह के साथ महादेवी जी ने उसके मूलतत्व–सबके प्रति समात्भाव–के अनुकूल करुणा और मैत्री तथा कर्म-विधि का भी सांकेतिक उल्लेख कर दिया है। दूसरों के विषम व्यवहार से तत्वात्मक एकत्व, समत्व और सहानुभूति एवं ममत्व तथा करुणा में अन्तर नहीं पड़ता, क्योंकि सबमें जो एक आत्मा है, सबमें जो एक परमात्मा है उसका अनुभव होने के पश्चात् ही ये गुण कवि में प्रस्फुटित होते हैं–

सब आँखों के आँसू उजले, सब के सपनों में सत्य पला!
जिसने उसको ज्वाला सौंपी, उसने इसमें मकरन्द भरा,
आलोक लुटाता वह घुल घुल, देता झर यह सौरभ बिखरा,
दोनों संगी पथ एक, किन्तु कब दीप खिला कब फूल जला?

इस गीत में विविध और विभिन्न प्राकृतिक पदार्थों को लेकर कवयित्री ने निरूपित किया है कि विभिन्न पदार्थों का रूप, कार्य-कलाप और उनकी साधना की पद्धतियाँ भले ही विभिन्न हों, परन्तु उनका उद्देश्य-पथ समान और एक ही है। उनकी बाह्य भिन्नता में अन्तर्हित चेतना समान है। दीपक और फूल दोनों ही आत्मोत्सर्ग के द्वारा विश्वमंगल का आयोजन करते हैं। दोनों की कार्य-प्रणालियाँ भिन्न हैं, पर दोनों का लक्ष्य समान और उदात्त है।

× × ×

नीलम मरकत के सम्पुट दो, जिनमें बनता जीवन-मोती,
इसमें ढलते रंग-रूप, उसकी आभा स्पन्दन होती।
जो नभ में विद्युत मेघ बना वह रज में अंकुर हो निकला

यह संसार आकाश तथा पृथ्वी के सम्पुट से निर्मित सीपी की तरह है। जिस प्रकार सीपी के सम्पुट में मोती क्रमशः विकसित होकर अपने रूप की रचना करता है, उसी प्रकार यह जगत् भी आकाश और पृथ्वी के सम्पुट में अपना रंग-रूप प्राप्त करता है। संसार के रंग-रूप धरती में ढलते हैं और उसे चेतना का स्पन्दन आकाश से मिलता है।

एक ही व्यापक आत्मतत्व आकाश में विद्युत तथा बादल बनता है और पृथ्वी पर अंकुररूप में प्रस्फुटित होता है। दो विभिन्न अस्तित्वों के रूप में व्यक्त ये दोनों ही सत्ताएँ वास्तव में एक ही मूलतत्व के दो रूप हैं। जैसे बादल अपनी दृष्टि से धरती के भीतर आबद्ध बीज को अंकुरित–गतिशील करता है, वैसे ही परमात्मा प्राणियों में प्राण-स्पन्दन का संचार करता है। इस प्रकार सम्पूर्ण सृष्टि एक ही अद्वैत मूलतत्व से अनुप्राणित एवं उद्‌भासित है–'तस्य भासा सर्वमिदं विभाति'।

तैत्तिरीयोपनिषद् की ब्रह्मानन्द वल्ली के सप्तम अनुवाक में बताया गया है–'असद्वा इदमग्र आसीत। ततो वै सदजायत। तदात्मानं स्वयमकुरुत। तस्मात्तत्सुकृत मुच्यत इति'। सूक्ष्म और स्थूल में प्रकट होने से पहले यह जड़-चेतनमय जगत् असत् अर्थात् अव्यक्त रूप में ही था, उस अव्यक्तावस्था से ही यह सत् अर्थात् नाम-रूपमय प्रत्यक्ष जड़-चेतनात्मक जगत् उत्पन्न हुआ। परमात्मा ने स्वयं अपने को ही जगत्-रूप में प्रकट किया, इसीलिए उनका नाम सुकृत (अपने-आप बने हुए) है। साथ ही यह भी कहा गया है कि–'यद्वै तत्सुकृतं रसो वै सः। रसं ह्येवायं लब्ध्वाऽऽनन्दी भवति। को ह्येवान्यात्कः प्राण्याद् यदेष आकाश आनन्दो न स्यात्। एष ह्येवानन्दयति'। परमात्मा रसरूप (आनन्दमय) है। यह जीवात्मा रसमय परमात्मा को पाकर ही आनन्दयुक्त होता है। यदि आकाश की भाँति व्यापक आनन्दस्वरूप परमात्मा न होते तो कौन जीवित रह सकता और कौन प्राणों की क्रिया कर सकता? निस्सन्देह परमात्मा ही सबको आनन्द प्रदान करते हैं। महादेवी जी ने अपने गीत में इसी सत्य की भावात्मक अभिव्यक्ति की है।

आध्यात्मिक परम भाव के आधार परमात्मा को हमारे यहाँ 'शान्तं शिवम् अद्वैतम्' की संज्ञा देकर सत्य, सुन्दर एवं शिव का समन्वित स्वरूप माना गया है, क्योंकि भारतीय मनीषा सत्य, सुन्दर एवं शिव की पृथक् निरपेक्ष स्थिति पर आस्था न रखकर उनके समन्वित स्वरूप पर ही विश्वास करती है। चरम भावाभिव्यक्ति–काव्य के आनन्द को इसी कारण ब्रह्मानन्दसहोदर कहा गया है। काव्य की इस सार्थकता के लिए जीवन-जगत्व्यापी नाना व्यापारों और व्यवहारों से सम्बद्ध होना

कितना आवश्यक है, कहने की आवश्यकता नहीं। लोक-व्यवहार की विविधता और विभिन्न चेतनाओं की अनेकता में अन्तर्निहित एकता और सामंजस्य के स्फुरण से ही आध्यात्मिक समात्मभाव की साधना सिद्ध होती है। वस्तुतः काव्य का सत्य, समात्मभाव की अखण्ड अनुभूति का आनन्द तथा काव्य का सौन्दर्य, समात्मभाव की अभिव्यक्ति का स्वरूप एवं काव्य का शिव समात्मभाव से प्रेरित लोक-मंगल की प्रेरणा का उत्स है। भाव-प्राण होते हुए भी काव्य को सम्प्रेषणीयता के सन्दर्भ में वस्तुगत सत्ता से भी सुसंगत होना पड़ता है। इसीलिए काव्य न तो पूर्णरूप से व्यक्तिगत ही हो सकता है और न केवल आन्तरिक; उसकी सफलता और सार्थकता का साधन प्रकृति, व्यक्ति और आत्मा की साम्य-साधना में ही सन्निहित है। उदाहरण के लिए महादेवी जी का हिमालय के प्रति लिखित गीत 'हे चिर महान' लिया जा सकता है–

हे चिर महान!
वह स्वर्णरश्मि छू श्वेत भाल,
बरसा जाती रंगीन हास,
सेली बनता है इन्द्रधनुष,
परिमल मल मल जाता बतास!
पर रागहीन तू हिमनिधान!
नभ में गर्वित झुकता न शीश,
पर अंक लिये है दीन क्षार,
मन गल जाता नत विश्व देख,
तन सह लेता है कुलिश भार।
कितने मृदु कितने कठिन प्राण!
टूटी है कब तेरी समाधि,
झंझा लौटे शत हार हार,
बह चला दृगों से किन्तु नीर,
सुनकर जलते कण की पुकार!
सुख से विरक्त दुख में समान!

मेरे जीवन का आज मूक,
तेरी छाया से हो मिलाप,
तन तेरी साधकता छू ले,
मन ले करुणा की थाह नाप!
उर में पावस दृग में विहान!

इस गीत में महादेवी जी ने हिमालय के साथ केवल तादात्म्य ही नहीं, क्योंकि वह तो मात्र बौद्धिक भी हो सकता है, समात्मभाव की स्थापना की है। इस प्रकार हिमालय (प्रकृति) से एकसूत्रता तथा एकात्मता की भावानुभूति के द्वारा कवयित्री ने विश्वव्यापी भाव-चेतना के साथ अपनी भाव-चेतना का सम्बन्ध निश्चित करते हुए अपनी अध्यात्मवृत्ति का ही प्रकाशन किया है। प्रकृति कवयित्री के लिए कोई बाह्य सत्ता, प्रतीक या अलंकरण मात्र नहीं है, वरन् उसकी भावना के साथ गतिशील होने वाली अविच्छेद संगिनी एवं चेतन सहचरी है। कवि के रूप-वर्णन अथवा चित्रण से उसके सौन्दर्य-बोध की व्यापकता का आभास सहज ही मिल जाता है। हिमालय के प्रति महादेवी जी के भावोद्गार दृश्य और दृष्टा की जिस अभेद-भावना और सहज संपृक्ति का व्याख्यान करते हैं, वह सौन्दर्य का चरम आदर्श ही नहीं, स्वयं कवयित्री के आत्मसाक्षात्कार का प्रत्यक्ष प्रमाण भी है।

कूटस्थ अचलशिखरी हिमालय आत्मरूप में चिरस्थित है। उसको छूने वाली सुनहली सूर्य-रश्मियाँ ज्योति-दिव्य ज्ञान का संकेत करती हैं तो उसका श्वेत भाल सत्त्वोद्रेक का प्रतीक है। शुभ्र रूप-रंग के साथ निरन्तर ऊपर उठने वाली हिमालय की प्रवृत्ति उसके सत्त्व गुण का ही लक्षण है–'ऊर्ध्व गच्छन्ति सत्त्वस्थाः'। किरणें हिमालय के लिए नाना रंगों तथा आकर्षणों का आयोजन करती हैं और रंगों का अविश्लेषणीय स्वरूप इन्द्रधनुष योगियों की माला की तरह उसके गले का हार बनता है। हिमालय एक योगी की तरह समाधिस्थ है। उसने अपनी सारी बाह्य प्रवृत्तियों को समेटकर अन्तर्मुखी कर लिया है। सुगंधित वायु का उसे सूक्ष्म स्पर्श मिलता रहता है। इस प्रकार सूर्य, इन्द्रधनुष और वायु आदि उसकी परिचर्चा करते रहते हैं। हिमालय राग-द्वेष से ऊपर उठकर शान्त

रस में निमग्न है। प्रकृति का अतिक्रमण करके उसका चित्त सत्त्व में समाहित हो गया है।

हिमालय अपने आत्मसम्मान में अडिग है, किन्तु जीवन के लघुतम रूपों से भी उसे सहानुभूति और ममता है। इसीलिए धूल जैसी नगण्य वस्तु को भी वह अपनी गोद में लिये रहता है। संसारव्यापी दुखों को देखकर हिमालय का मन गल-पिघलकर जल-स्रोतों के रूप में प्रवाहित हो उठता है और उसका साधनाशील शरीर वज्र के आघात को भी सह लेता है। हिमालय अपनी साधना में दृढ़ एवं कठोर होकर भी अपनी भावना में अत्यन्त कोमल और सदय है।

शिव की समाधिपीठ रहते-रहते स्वयं हिमालय भी समाधिस्थ हो गया है और वह अपनी समाधि में अविचल और स्थिर है। संसारी झंझट, उलझनें, विघ्न-बाधाएँ उसका कुछ बिगाड़ नहीं सकतीं। वह अड़चनों से हतप्रभ नहीं होता। बाधाएँ स्वयं हार मान लेती हैं। ऐसा दृढ़व्रती हिमालय छोटे-से उत्तप्त कण की पुकार सुनकर झरनों, नदियों के रूप में करुणा के आँसू बहाता है और उसकी जलन को शान्त करने के लिए प्रयत्न करता है।

हिमालय स्थितप्रज्ञ की तरह साम्य, सन्तुलन और शान्ति में अडिग रहता है। बाहरी परिस्थितियाँ उसका कुछ बिगाड़ नहीं सकतीं। वह न सुख की आकांक्षा करता है न दुख से घबराता है। कवयित्री का आग्रह है कि चुपचाप शान्तिपूर्वक उसके जीवन का हिमालय के व्यक्तित्व और प्रभाव से आज पूर्ण तादात्म्य हो जाये, जिससे उसका शरीर उसकी साधना की दृढ़ता पा ले और मन उसकी असीम करुणा की थाह पाकर उसी की तरह करुणापूर्ण बन जाये। जिस प्रकार हिमालय के हृदय मे करुणा का आवास और दृष्टि में ज्योति का उल्लास है उसी प्रकार कवयित्री का हृदय करुणापूर्ण और उसकी दृष्टि दिव्य-ज्योति से समन्वित हो जाये।

इस गीत में महादेवी जी के मूलभाव अध्यात्म का बहुत सरस-मोहन रूप व्यक्त हुआ है। कवयित्री और हिमालय का यह तादात्म्य इस बात की पुष्टि करता है कि हिमालय के सारे कथित गुण और उसकी

सम्पूर्ण विशेषताएँ कवयित्री में सूक्ष्म रूप से अवस्थित हैं–दोनों में समात्मभाव है।

हिमालय सत्त्वस्थ है। उत्तम काव्य-रचना के लिए कवि का सत्त्वस्थ होना अनिवार्य है। अनासक्त होने के कारण सत्त्वस्थ चित्त ही सात्त्विक सौन्दर्य की सृष्टि और उसका उपभोग कर सकता है। हिमालय योगी की भाँति समाधिस्थ है। कवि भी अपनी बाहरी वृत्तियों को समेटकर अन्तर्मुखी कर लेता है–समाधिस्थ हो जाता है, अन्यथा काव्य रचना उदात्त नहीं हो सकती। कवि और योगी में यह भी साम्य है कि योगी का चरम अभीष्ट आत्मसाक्षात्कार काव्य की रससिद्धि का भी आलम्बन है।

स्थूल जगत् का हिमालय कवयित्री की भावाकुलता से सहज ही सम्बद्ध होकर पदार्थ से भावार्थ बनकर चेतनरूप में स्पन्दित हो उठता है। व्यक्तरूप सत्य तथा सौन्दर्य में अव्यक्त कारणभूत सत्य–सौन्दर्य की खोज ही तो अध्यात्म की रसस्फूर्ति है। कवयित्री की आन्तरिक आत्मचेतना और हिमालय के सौन्दर्य का व्यापक अंतरंग पक्ष, दोनों ही एक और अद्वैत हैं, अन्यथा तादात्म्य की सम्भावना ही न रहती।

हिमालय के ऊर्ध्व स्थल से जिस प्रकार सरस जल-स्रोत फूट निकलते हैं, उसी प्रकार कवि-चेतना के ऊर्ध्वतल से सरस कविता का प्रवाह बह निकलता है। सूर्य-किरणों की ऊष्मा से विगलित होकर हिमालय का हिम धरती की तृषा शान्त करते हुए उसे उर्वर बनाते हुए समतल में प्रवाहित होने लगता है। कवि भी जीवन की अनुभूतियों की ऊष्मा से द्रवित होकर कविता के रूप में विश्व-मंगल का विधान करता है। सूर्य का प्रकाश-ज्ञान जैसे हिम के विगलन का कारण है, वैसे ही जीवन का ज्ञान कविता का कारण है। सूर्य-किरण और हिम के सम्पर्क से जिस अविश्लेषणीय इन्द्रधनुषी सौन्दर्य की सृष्टि होती है, वही सौन्दर्य कवि का भी मूलाधार है। जल-स्रोतों के रूप में हिमालय का आत्मत्याग प्रत्यक्ष होता है तो कविता में कवि का आत्मत्याग ही संचरित रहता है। हिम का रूपान्तरित रूप जल (रस) धरती को हरी-भरी, पल्लवित-पुष्पित बनाता है तो कवि भी अपने

काव्य-रस से विश्व-जीवन को समृद्ध, सम्पन्न और सार्थक बनाता है।

हिमालय पर अचल और अविकार हिम का अनाक्त प्रसार एवं प्राचुर्य है, जो अचल, अविकार तथा अनासक्त आत्मतत्व का प्रतीक है, किन्तु वही हिम, लोक-मंगल की साधना और सार्थकता के लिए द्रवित होकर करुणा के प्रवाह के रूप में संसार के प्रति आसक्त होकर निरन्तर प्रवाहित–गतिशील तथा कार्यरत रहता है। आत्मस्थ कवि अध्यात्म के उच्च शिखर पर आरूढ़ होते हुए भी लोकमंगल की साधना में संलग्न रहता है।

परमात्मा स्वयं आत्मकाम और आनन्दमय है, किन्तु लोकानुग्रह के लिए उसे भी कार्यरत रहना पड़ता है, क्योंकि प्राणियों के प्रति असीम अनुकम्पा और सबके प्रति महाकरुणा उसके संकल्प का स्वाभाविक लक्षण है।

इस प्रकार इस गीत में द्रष्टा की आध्यात्मिक दृष्टि और स्रष्टा की विधायक कल्पना के सामंजस्य से कवयित्री ने प्रकृति, मानव, आत्मा तथा परमात्मा में अभेद-भावना का उन्मेष करते हुए अध्यात्म को नवीन हृदयग्राही प्रतीकों में ढालकर उसे एक नयी सार्थकता प्रदान करने में पूर्ण सफलता प्राप्त की है, इसमें सन्देह नहीं।

यहाँ यह उल्लेखनीय है कि वास्तविक भावयोगी कवि वस्तु के बाहरी रूप के साथ 'आत्मान्यात्मनमेव पश्यतः'–आत्मा से आत्मा को भी देखने में सक्षम होता है। उसके सामने का दृश्य भाव बन जाता है और पदार्थ स्वतः भावार्थ ग्रहण कर लेता है। दृश्य का भाव में रूपान्तरण ही तो सौन्दर्य और रस का मूल प्राण है। जो भावयोगी नहीं हैं वे अपनी वस्तुनिष्ठ बौद्धिक दृष्टि से हिमालय का यह चेतन रूप ग्रहण करने में असमर्थ ही रहेंगे, क्योंकि भाव का साक्षात्कार ही तो अनुभूति है। साधारणतः भाव वासनारूप से सबमें सदा व्याप्त रहता है, पर उसकी अनुभूति–उसका साक्षात्कार सबके लिए सब समय सम्भव नहीं होता। इसी प्रकार आत्मा सबमें व्याप्त है, पर उसकी अनुभूति विरल है। जो भी हो, पर इतना तो निश्चित है कि वस्तु की सम्पूर्णता की उपलब्धि के लिए उसके दार्शनिक स्वरूप एवं आध्यात्मिक प्रभाव की भावात्मक

अवगति अनिवार्य है, क्योंकि वस्तुनिष्ठ संकुचित जीवन के घेरे से बाहर निकलकर भावालोक में संचरण करने के पश्चात् ही हम जीवन के विराट एवं विस्तृत अन्तराल में प्रवेश पा सकते हैं और वहाँ पहुँचते ही हमें सत्तामात्र की सम्पूर्णता और अपने साथ उसके समात्मभाव का अनुभव होने लगता है। तब किसी भी वस्तु का आन्तरिक भाव और उसका सौन्दर्य हमारे जीवन को भावना के रंग से इस प्रकार रंग देता है कि नन्हा से नन्हा प्राकृतिक पदार्थ भी हमारे अक्षय आनन्द का कारण और आधार बन जाता है और इसी आनन्द भावना के अनुशीलन, चिंतन, मनन एवं अनुभव से हम आत्मा के स्वरूप को समझने और चीन्हने-पहचानने में सफल होते हैं, क्योंकि आनन्द ही हमारी आत्मा का शाश्वत स्वरूप है।

हमारे यहाँ रस (आनन्द) को काव्य की आत्मा माना गया है जो चेतना के समात्मभाव के आनन्द का ही पर्याय है तथा साधारणीकरण सिद्धान्त रस को सर्वव्यापक बनाने के माध्यम से आत्मानन्द के भाव-प्रकाशन का ही समर्थन करता है। इस प्रकार काव्य स्वभाव से ही आध्यात्मिक सिद्ध होता है। कहना न होगा कि महादेवी जी के गीत उनके अध्यात्मभाव की संगीत-मुखर ध्वनियाँ हैं।

वास्तव में विभिन्न चेतनाओं के सामंजस्य तथा परस्पर सम्भावना और सम्प्रेषण की क्षमता एवं भावना के बिना काव्य का कोई मूल्य और महत्त्व नहीं है। वस्तुतः संस्कृति तथा साहित्य के स्रष्टा मानव को सबसे पृथक परिच्छिन्न और परमित मानकर उसकी सृष्टि-काव्य का मूल्यांकन करना मानवीय चेतना का सबसे बड़ा अपमान है। भारत ने कभी ऐसी भूल नहीं की, पर सम्प्रति जीवन के किसी क्षेत्र का हमारा कोई प्रतिमान पश्चिम की भौतिक बनिया सभ्यता की तथाकथित वैज्ञानिक कसौटी पर खरा उतरे बिना सम्माननीय एवं विश्वस्त नहीं माना जाता। यह प्रवृत्ति हमारे सांस्कृतिक ह्रास का ही परिणाम है। आश्चर्य है कि इस लपेट में आचार्य शुक्ल जैसे विदग्ध आलोचक भी आ गये और परिणामस्वरूप उन्होंने कहा-"मनोमय कोश ही प्रकृत काव्य-भूमि है। अध्यात्म शब्द की मेरी समझ में, काव्य या कला के क्षेत्र में कहीं

कोई जरूरत नहीं।'' रसवादी आचार्य न जाने किस आवेश में यह भूल गये कि रससिद्धि के लिए मनोमय कोश को पारकर आनन्दमय कोश तक पहुँचना होगा, जहाँ भाव, विभाव तथा अनुभाव, संचारी भाव आदि अखण्डता और अभेद की ऐसी लोकोत्तर स्थिति प्राप्त कर लेते हैं जिसे रस की संज्ञा दी जाती है। यह अखण्ड एवं अभेद की स्थिति मनोमय कोश की भूमि पर प्राप्त नहीं हो सकती। इसी तरह अध्यात्म या तत्वबोध भाव से भिन्न कोई हौवा नहीं है। यह ठीक है कि मन की विकल्पात्मक स्थितियों तथा तर्कबुद्धि की उपज वह नहीं है, पर भावात्मक अखण्ड प्रत्यय के अतिरिक्त वह और हो ही क्या सकता है? यह कौन नहीं जानता कि मन के विविध संकल्प-विकल्प तथा बुद्धि के नाना भेद-विभेद के तिरोभाव होने पर ही वह अभेद तथा स्थिर चैतन्य दशा सम्भव है, जिसे शास्त्रीय शब्दों में रसदशा का नाम दिया जाता है। वस्तुतः जिस आनन्दमय कोश में भोक्ता, भोग्य और भोग एक होकर समन्वित हो जाते हैं, वही आनन्दमय कोश काव्य की प्रकृत भूमि है, यह निर्विवाद है।

भारतीय संस्कृति, साहित्य और दर्शन में अध्यात्म पुरुषार्थ (मूल्य) की चरम सार्थकता के रूप में सदैव स्वीकृत रहा है, क्योंकि उसमें लोक और लोकोत्तर, देश और काल, भाव और विचार तथा व्यष्टि और समष्टि का आत्मिक अन्तर्भाव है। मनुष्य की चेतना स्मृति, कल्पना और अनुभव के रूप में भूत, भविष्य और वर्तमान का निर्धारण करती हुई सनातनता का आकलन और अनुभव करने में समर्थ है। इसीलिए भारतवासी सान्त भौतिक सुखों की प्राप्ति के लिए बाह्य परिवेश को नियन्त्रित एवं परिवर्तित करने की अपेक्षा आत्मविस्तार और आत्मानुभव के आध्यात्मिक मूल्यों को अधिक महत्त्व देते रहे हैं–'भूमा वै सुखम्, नाल्पे सुखमस्ति'–निश्चय जो भूमा अथवा अनन्त है, वही सुख है, अल्प में, सान्त में सुख नहीं। जो भूमा है, वही अमृत है और जो अल्प है, वह मर्त्य है।

भारतीय मनीषा के अनुसार मनुष्य का शरीर, प्राण, मन, बुद्धि तथा आत्मा का अधिष्ठान माना गया है और उसके अर्थ, काम, धर्म और

मोक्ष चार पुरुषार्थ-मूल्य माने गये हैं, जो उसके व्यक्तित्व के विकास के भौतिक-आध्यात्मिक साधन और उपादान हैं। अर्थ, काम और धर्म का सम्बन्ध सामाजिक जीवन से है, किन्तु मोक्ष जीवन का परम लक्ष्य एवं चरम ध्येय है और इसका सम्बन्ध आत्मा से है। मोक्ष-मूल्य न तो पारलौकिक ही है और न लौकिक ही, वरन् परमार्थिक है। परमार्थ वह उदात्त प्रवृत्ति है जो मनुष्य को स्वार्थ से ऊपर उठाकर निःस्वार्थ बनाती है और आत्मविकास के साथ उसे अन्य प्राणियों की सेवा और कल्याण करने की प्रेरणा देती है। निष्काम कर्मयोग इसी का दूसरा नाम है। स्पष्ट है कि मोक्ष-पुरुषार्थ आध्यात्मिक होने के कारण सबके साथ समभाव रखते हुए प्राकृतिक सुख-दुखों से ऊपर उठकर आत्मसाक्षात्कार को ही जीवन का परम मूल्य मानता है, परन्तु इसका यह आशय कदापि नहीं कि अध्यात्म में सामाजिक जीवन या लोकमंगल की अवहेलना होती है। अध्यात्म जीवन के सभी मूल्यों को उदात्त, व्यापक तथा पूर्णरूप देने का आग्रही है। जीवन के सभी मूल्यों का यथास्थान अपना महत्त्व है, किन्तु उस महत्त्व का बोध हमें तभी हो सकता है, जब हम किसी ऐसे परम स्वलक्ष्य मूल्य का ज्ञान रखते हों जो सभी मूल्यों के परस्पर संघर्षों और विरोधों का सामंजस्य और समन्वय कर सके और स्वयं इन सबसे परे होकर भी इनका निषेध न करे। अध्यात्म ऐसा ही श्रेष्ठतम मूल्य है।

आत्मा की मौलिक एकता का आधार ग्रहण करने के कारण अध्यात्म अखिल अस्तित्वों के आन्तरिक साम्य-समात्मभव को ही सर्वाधिक महत्त्व देता है। जब बाहर का सारा प्रसार आत्मा का ही वैभव-विस्तार है तब अध्यात्मवादी जगत्-जीवन के प्रति कभी उदासीन नहीं हो सकता। इसी कारण वह मोक्ष को भी व्यक्तिगत रूप में मान्यता न देकर उसे सर्वमुक्ति के ही रूप में स्वीकार करता है, क्योंकि अखिल विश्व की सत्ता मात्र के प्रति उसी रागात्मकता स्वभावतः लोकसंग्रही होती है। वस्तुतः सबके प्रति समान मैत्री और करुणा की स्थिति उसके स्वभाव का प्रमुख अंग है। महादेवी जी ने अपने इस गीत में इसी भावना को व्यक्त किया है-

लौट जा ओ मलय-मारुत के झकोरे।
अतिथि रे अब रंगमय मिश्री-घुला मधुपर्क कैसा!
मोतियों का अर्घ कैसा?
प्यालियाँ रीती कली की शून्य पल्लव के कटोरे!

× × ×

निठुर नयनों में दिवस के मेघ का रच एक सपना,
तड़ित् में भर पुलक अपना,
माँग नभ से स्नेह-रस, दे विश्व की पलकें भिगो रे!
लौटना जब धूलि, पथ में हो हरित अंचल बिछाये,
फूल मंगल-घट सजाये,
चरण छूने के लिये, हों मृदुल तृण करते निहोरे!

ऐ वासंती पवन, तू यहाँ से लौट जा, क्योंकि तेरे स्वागत का कोई साधन यहाँ नहीं है। भ्रमरों की मधुर ध्वनि, पक्षियों का कलरव, कोयल की कूक, बेंत-वन का संगीत तथा कलियों का हास, सभी शान्त हैं। वस्तुतः इस समय तेरा यहाँ आना औचित्यपूर्ण नहीं है। यदि तू यहाँ आना चाहता है तो पहले आकाश में मेघ की रचना कर, ताकि अपनी वर्षा से वह संसार को संसिक्त करके उसे हरा-भरा बना दे और उसमें उड़ती धूलि हरीतिमा तथा पत्रों-पुष्पों का रूप धारण कर ले तथा सारा विश्व-जीवन प्रसन्नता से सुसज्जित हो जाये, तब आना। स्पष्ट है कि कवयित्री स्वयं सुख प्राप्त करने के पहले सारे विश्व को सुखी देखना चाहती है। उसकी आध्यात्मिक प्रवृत्ति का यह ज्वलंत प्रमाण है।

बादल, दीपक, फूल तथा सरिता आदि को भी महादेवी जी ने लोकमंगल की भावना से अभिभूत दिखाया है।

इन्द्रधनुष से सुसज्जित तथा विद्युत की आभा से आवेष्टित आकाश की नर्तकी घटा भी अपने आत्मत्याग से विश्वमंगल का विधान करती है--

विगलित हर रोम हुआ रज से सुन नीर नीर।

और वह करुणार्द्र होकर–

प्यासे का जान ग्राम, झुलसे का पूछ नाम,
धरती के चरणों पर नभ के धर शत प्रणाम,
गल गया तुषार-भार बनकर वह छबि-शरीर।
मिट चली घटा अधीर।

प्यासे प्राणियों और झुलसे वृक्षों को तृप्त करने के लिए घटा अपना सर्वस्व त्याग कर देती है। विशेषता यह है कि अपनी आकाशचारी उच्च स्थिति का गौरव भी उसे संतप्तों के लिए त्याग करने में कोई बाधा नहीं उपस्थित कर पाता। घटा अपने को मिटाकर संसार के नव-सृजन का कारण बनती है। उसका विनाश नयी सृष्टि का उपादान बनता है–

सृष्टि का है यह अमिट विधान, एक मिटने में सौ वरदान,
नष्ट कब अणु का हुआ प्रयास, विफलता में है पूर्ति-विकास,
अमरता है जीवन का ह्रास, मृत्यु जीवन का चरम विकास।

इस उच्चकोटि की "करुणा के लिए किसी के दुख-दर्शन की आवश्यकता नहीं होती। दुख के जो कारण हैं, जगत की अनित्यता या क्षणिकता आदि जो जगत् का धर्म है इस धर्म के दर्शन से ही करुणा का उदय हो जाता है, जिसके फलस्वरूप पूर्ण आनन्द महाकरुणा के रूप में प्रकट होता है। स्वयं आनन्द में प्रतिष्ठित होकर भी जब तक सबको उसी प्रकार के आनन्द में प्रतिष्ठित नहीं किया जाता तब तक यह नहीं कहा जा सकता कि जीवन का यथार्थ महत्त्व सम्पन्न हो गया। इसी कारण जिनकी करुणा का प्रसार-क्षेत्र जितना अधिक होता है, भगवान के साथ उनका तादात्म्य भी उतना ही गम्भीर होता है। अतएव मनुष्य का गौरव केवल (आत्मा) या ब्रह्म को प्रत्यक्ष जानने में नहीं है, केवल ब्रह्मानन्द को स्वयं भोगने में नहीं है, बल्कि निर्विशेषरूप ब्रह्मानन्द को सबमें वितरण करने का अधिकार प्राप्त करने में है।" महादेवी जी की करुणा इसी कोटि की है।

महादेवी जी ने अध्यात्म को अपने जीवन का ऐसा सक्रिय पूरक माना है जो जीवन के सब रूपों के प्रति उनकी ममता समान रूप से जगा सकता है और सब रूपों--सत्ता मात्र के प्रति समान रूप से

ममता जगाने वाले भाव को ही समात्मभाव कहा जाता है, इसी की संज्ञा महाभाव भी है। आत्मा या ब्रह्म कोई व्यक्ति नहीं, विश्वरूप है। उसके प्रति लगाव या प्रेमभाव समष्टि प्रेम का ही प्रतीक है। सर्गारम्भ में आनन्दमय सृजनेच्छा से ही ब्रह्म ने अपने को द्विधा विभक्त कर लिया था। अपनी परा प्रकृति में वह परात्पर ब्रह्म रखते हुए भी अपरा प्रकृति में जीवरूप से व्याप्त हो गया था। जीवात्मा विश्वप्रेम के माध्यम से पुनः प्रथम स्थिति की अद्वैतता में प्रतिष्ठित होना चाहती है। सर्वात्प्रेम की अद्वैतभावना उसी संकल्पात्मक अनुभूति का एक रूप है। यह प्रेम (रस–आनन्द) चेतना का पूर्णरूप है, इसीलिए प्रत्येक सत्ता (अस्तित्व) का प्रमुख प्रयोजन प्रेम से ही पूर्ण होता है, क्योंकि प्रेम का रस–आनन्द ही आत्ममिलन का आधार है, स्व–पर का अद्वैत है और यही प्रेमभाव सृष्टि का मूलस्रोत हैं, जो परमचेतन ब्रह्म से उद्‌भूत होता है। वस्तुतः अपनी चेतना को सर्वात्मप्रेम के धरातल पर ले जाकर ही हम असीम आत्मानन्द का लाभ प्राप्त कर सकते हैं, जो मानवीय जीवन की चरम सफलता और सार्थकता है–'आनन्दो ब्रह्मेति व्यजानात्। आनन्दाद्धयेव खल्विमानि भूतानि जायन्ते। आनन्देन जातानि जीवन्ति। आनन्दं प्रयन्त्यभिसंविशन्तीति'। आनन्द ही ब्रह्म है। आनन्द से ही सब प्राणी उत्पन्न होते हैं, आनन्द के ही कारण जीते हैं, अन्त में आनन्द में ही प्रविष्ट हो जाते हैं। इसलिए इस आनन्द–जीवनरस–प्रेमभाव की प्राप्ति के लिए यह आवश्यक ही नहीं, अनिवार्य है कि हम अपनी आत्मा का अखिल विश्व से और विश्वात्मा का विराट ब्रह्म की आत्मा से एकत्व का ज्ञान और अनुभव प्राप्त करें, क्योंकि यह सारा ब्रह्माण्ड एक ही आनन्दमय चेतन की आनन्दाभिव्यक्ति है। वस्तुतः प्रेमभाव द्वारा सबके साथ सम्बद्ध और सम्पृक्त होकर ही निःसीम आनन्दमय जीवन का आकलन एवं अनुभव किया जा सकता है, अन्यथा नहीं।

जब व्यक्ति अपने क्षुद्र तथा सीमित अहं के आवेग–आवेश में अपने व्यक्तित्व को विश्व–व्यक्तित्व से विच्छिन्न कर लेता है तभी व्यक्ति की समस्याएँ, यातनाएँ, अपूर्णताएँ एक विकराल रूप धारण कर लेती हैं, सबके साथ मिल जाने पर उनका कोई अस्तित्व नहीं रह जाता।

ठीक उसी तरह जिस तरह सागर से समन्वित हो जाने पर बूँद की अपनी कोई अलग इकाई और समस्या नहीं रह जाती। संघर्ष, अलगाव, वैमनस्य एवं विभिन्नता की स्थिति विश्वात्मा के साथ हमारे स्वभाव की न्यूनता का ही प्रतीक है। व्यक्तिगत अहं जब विश्व के विराट अहं से तादात्म्य प्राप्त कर लेता है तब उसमें आत्मा की अमरता और आभा उद्भासित हो उठती है। हमारा व्यक्तिगत अहं प्राकृतिक संवेदनाबद्ध अस्तित्व मात्र है, उसे व्यक्तित्व तो सबके साथ मिलने से ही प्राप्त होता है। जिस प्रकार शब्द केवल ध्वनिरूप में सबसे विच्छिन्न रहकर कोई सार्थकता नहीं प्राप्त करता, किन्तु वही शब्द जब अन्य शब्दों से संयुक्त हो जाता है, तब भाव, विचार और अर्थ की सारवती सार्थकता में मुखरित हो उठता है, उसी प्रकार मानवीय व्यक्तित्व भी दूसरों से सम्बद्ध होकर ही सफल होता है। महादेवी जी इसी भावोन्मेष की सांस्कृतिक, आध्यात्मिक तथा वर्तमान शब्दावली में रहस्यकाव्य की कवयित्री हैं। अध्यात्म, दर्शन, काव्य एवं संगीत का इनके गीतों में ऐसा समाहार पाया जाता है जो मानवीय चेतना की परस्पर एकता और उसके व्यापक अंतरंग पक्ष के स्पष्टीकरण तथा प्रकाशन में सहज ही सफल है। ब्रह्म, जीव और जगत् के सम्बन्ध को हृदयंगम करने के लिए महादेवी जी का यह गीत मननीय है–

ओ चिर नीरव!
मैं सरित विकल,
तेरी समाधि की सिद्धि अकल,
चिर निद्रा में सपने का पल,
ले चली लास में लय गौरव।

× × ×

मैं ऊर्मि विरल,
तू तुंग अचल, वह सिन्धु अतल,
बाँधे दोनों को मैं चल-चल,
धो रही द्वैत के सौ कैतव।
मैं गति विह्वल,

पाथेय रहे तेरा दृग-जल,
आवास मिले भू का अंचल,
मैं करुणा की वाहक अभिनव।

इस गीत में परमात्मा तथा आत्मा एवं जगत् का सम्बन्ध पर्वत, नदी, और सागर के माध्यम से व्यक्त किया गया है। प्रकृति के भिन्न पदार्थ प्रकृति की वर्णमाला हैं और स्वयं प्रकृति कवयित्री की आत्माभिव्यक्ति की पाण्डुलिपि है। गहन से गहन भाव को प्रकृति के प्रत्यक्ष और मनोरम माध्यम से व्यक्त करने की क्षमता में महादेवी जी अद्वितीय हैं।

ऐ मौन, चिर शान्त परमात्मा, मेरी उत्पत्ति तुमसे उसी प्रकार हुई है जैसे शान्त अचल पर्वत से नदी की होती है। नदी अपनी नृत्यमय गति से विश्व को हरा-भरा बनाती हुई प्रवाहित रहती है, उसी प्रकार जीवात्मा भी विश्व-कल्याण में गतिशील रहती है। नदी का जन्म पर्वत की समाधि-साधना की सफलता है, उसी प्रकार परमात्मा आत्मा को जन्म देकर कृतकृत्य होता है। निद्रा जड़ता का और स्वप्न जैसे चेतना का प्रतीक है, वैसे ही नदी पर्वत की चेतनता का और जीवात्मा परमात्मा की चेतनता का प्रतीक है। नदी पर्वत के अन्तश्चेतन सपनों को लेकर गतिशील होती है और जीवात्मा के संकल्प को संसार में चरितार्थ करती है। नदी की गति में लास्य और स्वर में संगीत का समन्वय रहता है, तो जीवात्मा भी इनका सम्बल ग्रहण करती है।

जीवात्मा नदी की लघु लहर की तरह सीमित और चंचल है। परमात्मा पर्वत की तरह महान और अचल-अविचल। नदी पर्वत और सागर के बीच की दूरी को अपनी गति से नष्ट करती हुई दोनों को मिला देती है। जीवात्मा, परमात्मा तथा संसार के बीच पड़े आवरण को हटाकर दोनों को एक करती है, दोनों में अभेद-भावना का उन्मेष करती है। नदी को पर्वत का जल ही गति देता है और वह अपने कर्म-क्षेत्र धरती को आर्द्र तथा शस्य-श्यामला बनाये रहती है। जीवात्मा भी परमात्मा के बिछोह के आँसुओं का सम्बल ग्रहण कर विश्व के प्रति कल्याण-भावना और करुणा का भाव संजोये रहती है-वियोग के

अनुभव से वियोगी संसार के प्रति जीवात्मा की सहानुभूति विस्तृत हो जाती है। वस्तुतः रहस्यकाव्य में वियोग का अर्थ केवल इतना ही है कि जीवात्मा अभी तक अपनी पूर्ण स्थिति को प्राप्त नहीं कर सकी, इससे कुछ अधिक नहीं, अन्यथा महादेवी जी यह न कह पातीं–

सखि मैं हूँ अमर सुहाग भरी!
प्रिय के अनन्त अनुराग भरी!
किसको त्यागूँ, किसको माँगूँ,
हैं एक मुझे मधुमय विषमय,
मेरे पद छूते ही होते,
काँटे कलियाँ प्रस्तर रसमय!
पालूँ जग का अभिशाप कहाँ प्रतिरोमों में पुलके लहरी।
जिसको पथ शूलों का भय हो,
वह खोजे नित निर्जन गह्वर,
प्रिय के सन्देशों के वाहक,
मैं सुख-दुख भेटूँगी भुज भर;
मेरी लघु पलकों से छलनी इस कण-कण में ममता बिखरी।

और इसीलिए वे दुखी मात्र के प्रति सहृदयता और सक्रिय सहानुभूति में निरन्तर व्यस्त हैं–

किरणों को देख चुराते, चित्रित पंखों की माया,
पलकें आकुल होती थीं तितली पर करने छाया।

× × ×

नव मेघों को रोता था, जब चातक का बालक मन,
इन आँखों में करुणा के घिर-घिर आते थे सावन।

× × ×

अपनेपन की छाया तब देखी न मुकुर मानस ने,
उसमें प्रतिबिम्बित सबके सुख-दुख लगते थे अपने।

इस प्रकार 'नभ धरा के वेदना-पय से पली' महादेवी जी के हृदय में विश्व के कण-कण के प्रति जो करुणा उमड़ती है उसकी तुलना में

वे मुक्ति को भी नगण्य मानती हैं–

'भाती तम की मुक्ति नहीं प्रिय रागों का बन्धन'। उनका निश्चित मत है कि अपने को मिटाकर भी विश्वमंगल का आयोजन ही जीवात्मा की शाश्वत मुक्ति है। उन्होंने जगज्जीवन के मूलकारण–ब्रह्म से भी अपने इसी संकल्प को स्पष्ट किया है–

'मिटना ही तुमको छू पाना'। अस्तु वे गौरव के साथ यह घोषित करती हैं–

चिन्ता क्या है हे निर्मम, बुझ जाये दीपक मेरा,
हो जायेगा तेरा ही पीड़ा का राज अँधेरा।

वस्तुतः कवयित्री महाकरुणा और उससे साधित लोकमंगल को ही आत्मा-साक्षात्कार अथवा ब्रह्मविहार मानती हुई निष्काम कर्मयोग का सहारा ग्रहण करती जान पड़ती हैं–

जग पतझर का नीरव रसाल
पहने हिम-जल का अश्रुमाल
मैं पिक बन गाती डाल-डाल
सुन फूट-फूट उठते पल में
दुख-सुख मंजरियों के अंकुर।

ऐसी 'सुहृदं सर्वभूतानां' दिव्य आत्मा के अन्तर में सार्वभौम प्रेम और विश्वव्यापी करुणा का सागर लहराता दिखाई पड़े तो आश्चर्य की बात नहीं। सीमा में बाँधने वाली पार्थिव प्रकृति की शृंखला कभी ऐसे व्यापक प्रेम, संकल्प, ज्ञान की स्पृहा तथा ज्योतिर्मय दिव्य चेतना को अपने बन्धन में नहीं जकड़ सकती। महादेवी जी ने स्पष्ट शब्दों में कहा है–

चिर सजग आँखें उनींदी आज कैसा व्यस्त बाना।
जाग तुझको दूर जाना।
बाँध लेंगे क्या तुझे यह मोम के बन्धन सजीले?
पंथ की बाधा बनेंगे तितलियों के पर रँगीले?
विश्व का क्रन्दन भुला देगी मधुप की मधुर गुन-गुन

क्या डुबा देंगे तुझे यह फूल के दल ओस गीले?
तू न अपनी छाँह को अपने लिये कारा बनाना।
जाग तुझको दूर जाना।

स्पष्ट है कि ज्ञान और अनुभव की सतत पुनरावृत्ति के माध्यम से उच्चतम आत्मा मनुष्य की पार्थिव सत्ता पर अपना प्रभाव छोड़कर उसकी सम्पूर्ण प्रकृति पर स्थायी रूप से अपना अधिकार कर लेती है और उसे आन्तर आध्यात्मिक सत्य से सम्बद्ध कर देती है और मानव आत्मा की सम्पूर्ण सत्ता की परम सत्ता के साथ एकता स्थापित हो जाती है। जब मनुष्य प्रेम और करुणा के उदात्त आवेग में अपनी चेतना के सम्पूर्ण अंतस्तल और आनन्द की समस्त उत्कंठा को लोकमंगल की ओर उन्मुख कर देता है तब विश्व की कारण सत्ता से उसका आत्मीय सम्बन्ध स्वाभाविक हो उठता है। इस स्थिति को पूर्ण मिलन या योगयुक्त भाव की संज्ञा दी जाती है और इसके भोक्ता के लिए 'बुधा भावसमन्वितः' की प्रतिष्ठा मिलती है। महादेवी जी के अध्यात्म अथवा रहस्य काव्य की यही उपलब्धि है। मानवीय आत्मा की पूर्णता परमात्मा के समान ही बन जाना, 'मद्‌भावमागतः' और अपनी सत्ता के विधान तथा अपने कर्म एवं प्रकृति के नियम में परमात्मा के साथ एक हो जाना, 'साधर्म्यमागतः' की दोनों स्थितियाँ उनके काव्य में प्रतिष्ठित और प्रतिफलित हैं–

तुम मुझमें प्रिय! फिर परिचय क्या!
तारक में छवि प्राणों में स्मृति,
पलकों में नीरव पद की गति,
लघु उर में पलकों की संसृति,
भर लायी हूँ तेरी चंचल
और करूँ जग में संचय क्या!
रोम रोम में नन्दन पुलकित,
साँस साँस में जीवन शत शत,
स्वप्न स्वप्न में विश्व अपरिचित,
मुझमें नित बनते मिटते प्रिय,

स्वर्ग मुझे क्या, निष्क्रिय लय क्या?

चित्रित तू मैं हूँ रेखा-क्रम,
मधुर राग तू मैं स्वर संगम,
तू असीम मैं सीमा का भ्रम,
काया छाया में रहस्यमय!
प्रेयसि प्रियतम का अभिनय क्या?
तुम मुझमें प्रिय! फिर परिचय क्या?

इस गीत में कवयित्री ने सांकेतिक रूप से 'काया छाया में रहस्यमय' शब्दों में प्राकृतिक अथवा अपरा प्रकृति और आध्यात्मिक प्रकृति अथवा आत्मा की प्रकृति का भी उल्लेख कर दिया है। आत्मा की परा प्रकृति ही इस विश्व के अस्तित्व का मूल है और अपरा प्रकृति इसी से उत्पन्न होती है, इसी की छाया है। अपरा प्रकृति की बाह्यान्तर प्राकृत क्रीड़ा कर आधार यही परा प्रकृति है। यही वह मूलभूत भाव और शक्ति है जिसे स्वभाव कहा जाता है और जो सबके स्वयं होने–प्राकृत रूप में आने का स्वगत तत्व है। अपरा प्रकृति का यह सारा नामरूपात्मक स्वरूप, इन्द्रियगत, मनोमय अथवा बौद्धिक व्यापार केवल एक बाह्यप्राकृत दृश्य है, जो परा–आध्यात्मिक शक्ति और स्वभाव से ही सम्भव होता है, उसी से यह उत्पन्न है, उसी में इसकी स्थिति है। वस्तुतः केवल बाह्य प्रकृति-अपरा प्रकृति से संसार के सत् स्वरूप का ज्ञान और अनुभव सम्भव नहीं है, क्योंकि वास्तविक तत्त्व तो परा प्राकृतिक की आध्यात्मिक शक्ति, स्वभाव–आत्मभाव है, जो सब अस्तित्वों में परिव्याप्त है। उस सत्तत्व, शक्ति एवं भाव को ग्रहण करने पर ही हम अपने भूतभाव का वास्तविक स्वरूप एवं जीवन का आत्मतत्व अनुभव कर सकते हैं, यह निर्विवाद है। महादेवी जी के काव्य में प्रकृति-चित्रण या प्राकृतिक सौन्दर्य-निरूपण के समय यदि इन दो प्रकृतियों का ध्यान न रखा जाये तो भ्रामक निष्कर्ष निकालने की सम्भावना सहज है। प्रायः समालोचकों को इस भूलभुलैया में भटकना पड़ा है और महादेवी जी के काव्य में विशुद्ध प्राकृत प्रकृति के अभाव की शिकायत भी करनी पड़ी है, जो हास्यास्पद मात्र है।

वास्तव में परा प्रकृति—आत्मा की चित् शक्ति ही, जो आत्मविद् सर्वविद् एवं सर्वज्ञ है, सभी गोचर प्रकृति और पदार्थों को परस्पर सम्बद्ध रखती, उनके भीतर व्याप्त उन्हें धारण करती और उन सबको अपनी आनन्दमय अभिव्यक्ति की व्यवस्था में बुन लेती है। वस्तुतः सबका मूल स्वभाव आत्मभाव ही है। उनकी बाह्य विविधता उनके अस्तित्व का गौण प्रकाश है, उनके मूल स्वभाव और सत्ता का मूल स्वरूप नहीं। महादेवी जी ने परा प्रकृति के सन्दर्भ से अपनी आत्मसत्ता का मूलभूत सत्य और शक्ति तथा उसकी विश्व-लीला का आध्यात्मिक आधार ग्रहण करते हुए अपरा प्रकृति का निरीक्षण और प्रकृति तथा पदार्थ के पीछे छिपी हुई अध्यात्म-शक्ति का रहस्योद्घाटन किया है, यह हमें नहीं भूलना चाहिए।

अध्यात्म अथवा आत्मतत्व के अविश्वास की घोषणा करने वाले भौतिकवादी कतिपय आलोचकों ने महादेवी जी के काव्य की आध्यात्मिकता पर अपना सन्देह प्रकट किया है, जो अनुचित और अधिकारहीन है। मैं समझता हूँ कि काव्यालोचन के लिए आलोचक को अपने संस्कारों, पूर्वाग्रहों से ऊपर उठकर आलोच्य कृति में अपनी आत्मकथा या अपने विश्वासों की खोज करने की अपेक्षा कृतिकार के विश्वासों, सिद्धान्तों, आदर्शों और मान्यताओं तथा उसके जीवन-दर्शन का विश्लेषण-विवेचन ही श्रेयस्कर है। ''प्रधान प्रश्न उसके सिद्धान्तों की सत्यता जाँच करने का नहीं है (क्योंकि वह अन्य क्षेत्र का प्रश्न है), प्रधान प्रश्न यह है कि अपने विश्वासों से आबद्ध रहकर उसने जो सृष्टि की है, उसका सौन्दर्य कहाँ है? उसके सौन्दर्य का आदर्श क्या है? और वह उसकी सृष्टि करने में कहाँ तक समर्थ हुआ है?''

महादेवी जी के काव्यालोचक को उनकी मूलभूत मान्यताएँ एवं उनकी सांस्कृतिक दृष्टि अवश्य ही समझ लेनी चाहिए अन्यथा उनके काव्य का व्यापक अखण्ड सौन्दर्य जीवन का विराट भाव-रूप और अनन्य कला-विभूति का वैभव उसकी पहुँच के बाहर और अप्रत्यक्ष ही रह जायेगा। जीवन-निष्ठा, आध्यात्मिक आस्था तथा व्यापक सौन्दर्यबोध के माध्यम से महादेवी जी ने जिस दार्शनिक सर्वात्मबोध को काव्य के

सर्जनात्मक समात्मभाव में परिणत करके हमारे सामने उपस्थित किया है, वह भारतीय आध्यात्मिक संस्कृति-साधना का सनातन मूलस्वर है, जो किसी आलोचक-विशेष के विश्वास-अविश्वास का मुखापेक्षी न होकर अपने-आप में महत्त्वपूर्ण तथा व्यष्टि जीव का विश्वात्मा के प्रति परम प्रेमभाव और लोकमंगल का आदर्श उदाहरण है। उनके काव्योद्देश्य में किसी प्रकार की कोई उलझन नहीं–

सब बुझे दीपक जला लूँ
घिर रहा तम आज दीपक-रागिनी अपनी जगा लूँ।

× × ×

दीप मेरे जल अकम्पित,
घुल अचंचल।
पथ न भूले एक पग भी,
घर न खोये, लघु विहग भी,
स्निग्ध लौ की तूलिका से
आँक सब की छाँह उज्ज्वल!

जब साधारण से साधारण भावात्मक काव्य सहृदय-संवेद्य होने के कारण सर्वसंवेद्य नहीं हो पाता तब सबकी उज्ज्वल छाँह आँकने वाला सर्वोदयी रहस्यकाव्य यदि सहृदय-विशेष की अपेक्षा रखे तो कोई आश्चर्य की बात नहीं है।

महादेवी जी ने अपने गीतों की तुलना पक्षियों से की है, जिसका आशय यह जान पड़ता है कि जैसे पंछी को उड़ान सिखाई नहीं जाती, वह स्वयं उड़ना सीख लेता है। इसी प्रकार रहस्यानुभूति बौद्धिक चिंतन, योगाभ्यास या समाधि-साधना की चेरी न होकर स्वतःस्फूर्त भी होती है। जिस प्रकार आकाश में उड़ान भरकर भी पंछी धरती से बँधा रहता है, उसी प्रकार कवि भी परा चेतना के आकाश में उड़ते हुए भी लोकजीवन से सम्बद्ध रहता है। पंछी की उड़ान धरती की सीमा में बन्दी नहीं रहती, फिर भी धरती में स्थित अपने नीड़ को वह कभी नहीं भूलता। कवि सूक्ष्मतम चैतन्य को अपनाते हुए भी क्षिति प्रकृति और स्थूल

जीवन के प्रति सदैव सजग और चेतन रहता है–लोकजीवन के स्थूल धरातल से ऊपर उठकर भी लोक को अपनी अनुभूति में समाहित किये रहता है–

मेरे ओ विहग से गान!
सो रहे उर-नीड़ में मृदु पंख सुख-दुख के समेटे,
सघन विस्मृति में उनींदी अलस पलकों को लपेटे,
तिमिर सागर से धुले दिशि-कूल से अनजान!
खोजता तुमको कहाँ से आ गया आलोक-सपना,
चौंक तोले पंख तुमको याद आया कौन अपना,
कुहर में तुम उड़ चले किस छाँह को पहचान?
नभ अपरिमित में भले हो पंथ का साथी बसेरा,
खोज का पर अन्त है यह तृण-कणों का लघु बसेरा,
तुम उड़ो ले धूलि का करुणा-सजल वरदान!

कहने की आवश्यकता नहीं कि कवयित्री विश्व के लिए करुणा, स्नेह और सहानुभूति के उत्कर्ष में ही आध्यात्मिक आलोक की सार्थकता स्वीकार करती है।

वास्तव में महादेवी जी के आध्यात्मिक उत्कर्ष में काव्य, दर्शन और जीवन का ऐसा समन्वय पाया जाता है जो भारतीय तत्व-दर्शन की गहन से गहन और सूक्ष्म से सूक्ष्म उपलब्धियों को भावात्मक स्थिति देकर अत्यन्त सरस और सहज रूप देने में सक्षम है। उन्होंने अखिल जीवनव्यापी सुख-दुख, मिलन-विरह, स्मृति-विस्मृति, आदर्श-यथार्थ, प्रकृति-संस्कृति को ही नहीं, विश्व-जीवन के उपसंहार मृत्यु को भी एक नया रूप और नयी सार्थकता प्रदान की है–

तू धूल-भरा ही आया।
ओ चंचल जीवन-बाल! मृत्यु-जननी ने अंक लगाया!

× × ×

पलकों पर धर-धर अगणित चुम्बन,
अपनी साँसों से पोंछ वेदना के क्षण,

हिम-स्निग्ध करों से बेसुध प्राण सुलाया!
नूतन प्रभात में अक्षय गति का वर दे,
तन सजल घटा-सातड़ित-छटा-सा उर दे,
हँस तुझे खेलने फिर जग में पहुँचाया!

इन पंक्तियों में जीवात्मा के अमरत्व और पुनर्जन्म की भारतीय मान्यता काव्य के सरस भावात्मक रूप में प्रस्फुटित होकर सर्वजन-सुलभ बन गयी है। इसकी अप्रस्तुत योजना इतनी अनुभूतिप्रवण और मार्मिक है कि वह प्रस्तुत को एक विशेष रमणीयता और अर्थगौरव देकर सहज ही बोधगम्य बना देती है।

केवल ग्रहणात्मक होने के कारण ज्ञान में आदान की ही प्रधानता रहती है। भाव बनकर ही वह प्रदान की स्थिति प्राप्त कर सकता है। ज्ञान की अपेक्षा भाव में साम्य और सम्प्रेषणीयता का प्रस्फुटन अधिक सहज और स्वाभाविक होता है। महादेवी जी ने अध्यात्म-दर्शन को भावात्मक बनाकर अनुभवरूप में इस प्रकार प्रस्तुत किया है कि वह सबके लिए बोध गम्य ही नहीं, अनायास ही अनुभवगम्य भी बन गया है। वस्तु की सम्पूर्णता की उपलब्धि के लिए उसके दार्शनिक स्वरूप तथा आध्यात्मिक प्रभाव का आकलन अनिवार्य ही रहेगा। यदि काव्य जीवन की अभिव्यक्ति और सम्पत्ति है तो उसे जीवन के चरम पुरुषार्थ अध्यात्म से वंचित कदापि नहीं किया जा सकता। महादेवी जी की सबसे बड़ी उपलब्धि यह है कि उन्होंने रहस्यकाव्य को प्रेममय रूप देकर लोकजीवन के लिए अधिक उपयुक्त और उपयोगी बना दिया है। उनके काव्य में ज्ञानमार्गी रहस्यकाव्य की शान्त रस की निष्क्रिय प्रवृत्ति प्रेम की भावात्मक सक्रियता में प्रफुल्लित और पुलकित होकर आनन्द, सौन्दर्य, सत्य तथा शिव की प्राप्ति के वितरण और विकास का साधन बन गयी है।

अध्यात्म में जगत्-जीवन से पलायन का पाठ पढ़ने वालों के लिए महादेवी जी की ये पंक्तियाँ महौषधिरूप में पर्याप्त होनी चाहिए–

घिरती रहे रात!
न पथ रूँधती ये गहनतम शिलायें

न गति रोक पातीं पिघल मिल दिशायें,
चली मुक्त मैं ज्यों मलय की मधुरवात!

× × ×

पंथ होने दो अपरिचित प्राण रहने दो अकेला!
घेर ले छाया अमा बन,
आज कज्जल-अश्रुओं में रिमझिमा ले यह घिरा धन,
अन्य होंगे चरण हारे,
और हैं जो लौटते, दे शूल को संकल्प सारे;
दुखव्रती निर्माण उन्मद,
यह अमरता नापते पद,
बाँध देंगे अंक-संसृति से तिमिर में स्वर्ण बेला!

यह सच है कि आध्यात्मिक मनोवृत्ति सीमित-क्षणिक-नश्वर पदार्थों और स्थितियों के प्रति उदासीन रहकर जीवन की चरम परिणति-आत्मबोध एवं आत्मसाक्षात्कार की ओर अधिक उन्मुख और संलग्न रहेगी, क्योंकि उसकी आस्था मानव-जीवन के निरन्तर विकास-परिष्कार और विस्तार की ओर गतिशील रहती है। इस आस्था और भावना के द्वारा अध्यात्मवादी व्यक्तिगत स्वार्थ, वर्गभावना, सामाजिक एवं राष्ट्रीय परिधि के परे सबके साथ समभावापन्न विश्व-मानव की बृहत भूमिका में प्रतिष्ठित होकर समस्त मानवता और सम्पूर्ण ब्रह्माण्ड से आत्मीय भाव स्थापित करता है और व्यक्तित्व की उच्चतम दशा में सम्वर्द्धित हो जाता है। संक्षेपतः सत्ता की उच्चतम अवस्था में विकसन-आत्मा के भीतर सम्पूर्ण सत्ताओं का अनुभव करना, सबके साथ एकात्मभूत हो जाना-ही आध्यात्मिक स्वभाव की प्रतिष्ठाभूमि है। यह अनुभव जीव को अहंभावजनित अज्ञान से ऊपर उठाकर आत्मस्थित ज्ञान और शान्ति का अधिकारी बना देता है।

मूल्यों की दृष्टि से भी हमें सम्पूर्ण के लिए अंश का, नित्य के लिए अनित्य का, प्रेम के लिए अहंकार का, आनन्द के लिए भौतिक सुख का, सर्जनात्मक मूल्यों के लिए असृजनात्मक मूल्यों का बलिदान करना पड़ता है। हमारा जीवन सापेक्ष और अपूर्ण है। आध्यात्म का रहस्य

यही है कि वह सापेक्ष को निरपेक्ष की ओर तथा अपूर्ण को पूर्ण की ओर ले जाने का सतत प्रयत्न करता है, जो पूर्ण जीवन की वास्तविक अनुभूति है, क्योंकि अपूर्ण ही सापेक्ष है, पूर्ण निरपेक्ष है। कवयित्री की विराट अनुभूति में सभी प्रकार की सापेक्षताओं का स्वाभाविक समाहार है–

तंद्रिल निशीथ में ले आये
गायक तुम अपनी अमर बीन।
दमकी दिगन्त के अधरों पर
स्मित की रेखा-सी क्षितिज कोर।
आ गये एक क्षण में समीप
आलोक तिमिर के दूर छोर।
घुल गया अश्रु में अरुण हास
हो गयी हार जय में विलीन।

इस प्रकार सापेक्षताओं से ऊपर उठने की क्षमता, आत्मविश्वास और आत्मबोध की तीव्रतम शक्ति उनमें पायी जाती है। कुण्ठा या प्रतिक्रिया में विद्रोह की अदम्य शक्ति और नवोन्मेष के बीजों का पनपना कभी सम्भव नहीं होता और कुण्ठाजनित भावाकुलता लोक-हृदय के साथ इस प्रकार एकाकार नहीं हो सकती है।

लोकगीत-सुलभ माधुर्य तथा सांस्कृतिक प्रतीकात्मकता की भूमि पर अपनी उत्कृष्ट अनुभूति एवं शिल्प-साधना से महादेवी जी का काव्य आने वाली अनन्त पीढ़ियों को विस्मय-विमुग्ध करता रहेगा, इसमें दो मत नहीं हो सकते। प्रज्ञात्मक प्रतिभा को परखने और सांस्कृतिक प्रतीकों को यथावत ग्रहण करने में कठिनाई अवश्य होती है। इसी कारण कवियों का मूल्यांकन एवं पुनर्मूल्यांकन होता रहता है। महादेवी के काव्य के मूल्यांकन के लिए भी यही क्रम चलता रहेगा। आत्मा के समत्व को अपना भावांग बनाकर जीवन को सुन्दर से सुन्दरतर और सुन्दरतर से सुन्दरतम तथा पूर्ण बनाने की जो आकांक्षा उनके काव्य में अत्यन्त कलात्मक ढंग से अभिव्यक्त हुई है, वह आगामी समय के काव्य की मंत्र-लिपि के रूप में प्रमाणित सिद्ध होगी, ऐसी मेरी धारणा है।

जीवन की चाह का एक उदाहरण लीजिये–

प्रिय मैं जो चित्र बना पाती।
सुधि-विद्युत् की तूली लेकर
मृदु मोम फलक-सा उर उन्मन,
मैं घोल अश्रु में ज्वाला-कण,
चिर मुक्त तुम्हीं को जीवन के
बन्धनहित विकल दिखा जाती।

कवयित्री जीवन का ऐसा चित्र बनाना चाहती है कि जीवन का स्रष्टा परमात्मा भी उसके प्रति आकर्षित हो उठे। इससे अधिक जीवन की चाह और पूर्णता की कल्पना भी सम्भव नहीं। वस्तुतः जीवन-विकास के साथ काव्य की नवीन सम्भावनाओं का शाश्वत संकेत महादेवी जी के काव्य में सन्निहित और सुरक्षित है।

महादेवी जी की काव्य-स्फूर्ति का केन्द्रीय भाव करुणा है, जो अखिल विश्व-जीवन के प्रति सहानुभूति, सहृदयता, स्नेह तथा सद्भाव-समात्मभाव-पर आश्रित है। वस्तुतः स्वयं अपने में पूर्ण और सार्थक है। करुणाव्रती व्यक्ति किसी को आभारी नहीं बनाना चाहता, क्योंकि प्राणिमात्र के प्रति समदृष्टि रखने के कारण वह स्वयं निष्काम कर्मयोगी बन जाता है। उसकी करुणा विश्व-व्याप्त वेदनानुभूति का सक्रिय स्वरूप ग्रहण कर लेती है। दीपक, बादल, फूल आदि प्रतीक कवयित्री के निर्हेतुक कर्मयोग के प्रतिपादन के लिए ही प्रयुक्त हुए हैं। इसके लिए उन्होंने मोक्ष को भी तिरस्कृत कर दिया है–

जग अपना भाता है।
और कहेंगे मुक्ति कहानी, मैंने धूलि व्यथा भर जानी,
हर कण को छू प्राण पुलक बन्धन में बँध जाता है।
मिलन उत्सव बन क्षण आता है,
मुझे प्रिय जग अपना भाता है।

अपनी करुणामयी साधना की निरन्तरता के लिए ही उन्होंने पीड़ा

और अतृप्ति को स्वीकार किया है–

तुम मानस में बस जाओ छिप दुख के अवगुंठन से,
मैं तुम्हें ढूँढने के मिस परिचित हो लूँ कण-कण से।

यही कारण है कि उनके आत्मनिवेदन में किसी प्रकार की दीनता नहीं, आत्मसम्मान तथा परितोष के साथ आत्मदीप्ति ही परिलक्षित होती है।

स्पष्ट है कि महादेवी जी के काव्य में जीवन, जगत् और आत्मा का भावनाऐक्य, तीव्र अनुभूति, संगीतात्मक प्रवाह, मनोज्ञता और मनोरमता आदि गुण समन्वित होकर घनीभूत रूप में मुखरित हो उठे हैं। इन सबकी व्यावहारिक भिन्नता समात्मभाव के करुणा-सरस स्फुरण में उसी प्रकार तिरोहित हो जाती है जिस प्रकार विभिन्न घड़ों में व्याप्त आकाश की भिन्नता आकाश के व्यापकत्व में विलीन हो जाती है। काव्य, दर्शन और अध्यात्म की इस रस-गीत-त्रिवेणी का अवगाहन पाठकों के प्राण, मन एवं आत्मा को पुलक से भरने में सहज ही सफल है।

पर-दुःख-कातर संवदेनशील कवयित्री जिस प्रकार संसार की पीड़ा, ताप को देखकर विह्वल हो उठती है, उसी प्रकार बादल भी संसार को सिक्त तथा स्निग्ध करने के लिए बेचैन हो उठे–

कहाँ से आये बादल काले?
कजरारे मतवाले?
शूल भरा जग, धूल भरा नभ,
झुलसी देख दिशायें निष्प्रभ,
सागर में क्या सो न सके यह,
करुणा के रखवाले?
आँसू का तन, विद्युत का मन,
प्राणों में वरदानों का प्रण,
धीर पदों से छोड़ चले घर
दुख-पाथेय सँभाले।

करुणा की रक्षा करने वाले इन बादलों से कवयित्री का पूर्ण तादात्म्य है। उनकी स्पष्ट घोषणा है–

मैं गति विह्वल,
पाथेय रहे तेरा दृग-जल,
आवास मिले भू का अंचल,
मैं करुणा की वाहक अभिनव।

सबके प्रति सहज रागात्मक तीव्रता का प्रतिफलन होने के कारण महादेवी जी की इस करुणा ने उनके प्रणय-भाव को आध्यात्मिक उच्चता में पहुँचाकर उसे महाराग का पर्याय बना दिया है–

विरह का जलजात जीवन, विरह का जलजात!
वेदना में जन्म करुणा में मिला आवास;
अश्रु चुनता दिवस इसका अश्रु गिनती रात!
जीवन विरह का जलजात!
जो तुम्हारा हो सके लीला कमल यह आज,
खिल उठे निरुपम तुम्हारी देख स्मित का प्रात!
जीवन विरह का जलजात!

अन्त में महादेवी जी की प्रभाती-पंक्तियों के साथ मैं पाठकों से विदा लेता हूँ–

रात के पथहीन तम में मधुर जिसके श्वास,
फैल भरते लघु कणों में भी असीम सुवास,
कंटकों की सेज जिसकी आँसुओं का ताज,
सुभग! हँस उठ, उस प्रफुल्ल गुलाब ही सा आज,
बीती रजनि प्यारे जाग!
जाग बेसुध जाग!

–गंगाप्रसाद पाण्डेय

क्रम

अलि कैसे उनको पाऊँ 59
आज क्यों तेरी वीणा मौन 61
आज तार मिला चुकी हूँ 62
ओ विभावरी 64
किस सुधि-वसन्त का सुमन-तीर 65
किसी नक्षत्रलोक से टूट 66
कीर का प्रिय आज पिंजर खोल दो 68
कैसे सँदेश प्रिय पहुँचाती 69
कोई यह आँसू आज माँग ले जाता 71
क्या पूजन क्या अर्चन रे? 72
घिरती रहे रात 73
चाहता है यह पागल प्यार 75
चिर सजग आँखें उनींदी... 76
चुभते ही तेरा अरुण बान 78
छाया की आँखमिचौनी 79
जग करुण करुण, मैं मधुर मधुर 81
जाग बेसुध जाग 82
जाने किस जीवन की सुधि ले 83
जो न प्रिय पहिचान पाती 84
टूट गया वह दर्पण निर्मम 85
तरल मोती से नयन भरे 87
तुम मुझमें प्रिय! फिर परिचय क्या! 88
तुहिन के पुलिनों पर छबिमान 90
तू धूल-भरा ही आया 93
दिया क्यों जीवन का वरदान 95

दीप मेरे जल अकम्पित	...	...	96
धीरे-धीरे उतर क्षितिज से	...	...	98
न थे जब परिवर्तन दिन-रात	...	...	100
निशा की, धो देता राकेश	...	...	102
पंथ होने दो अपरिचित	...	...	104
पथ देख बिता दी रैन	...	...	106
पथ मेरा निर्वाण बन गया	...	...	108
पूछो न प्रात की बात आज	...	...	109
प्राण-रमा पतझार सजनि	...	...	110
प्राणों के अन्तिम पाहुन	...	...	111
प्रिय इन नयनों का अश्रु-नीर	...	...	113
प्रिय! सान्ध्य गगन मेरा जीवन	...	...	114
प्रिय सुधि भूले री मैं पथ भूली	...	...	116
बीन भी हूँ मैं तुम्हारी रागिनी भी हूँ	...	...	117
मधुर मधुर मेरे दीपक जल	...	...	119
मिट चली घटा अधीर	...	...	121
मेरी है पहेली बातं	...	...	123
मेरे ओ विहग से गान	...	...	124
मैं अनन्त पथ में लिखती जो	...	...	125
मैं नीर भरी दुख की बदली	...	...	126
मैं बनी मधुमास आली	...	...	127
मैं सजग चिर साधना ले	...	...	128
यह मन्दिर का दीप	...	...	129
यह सपने सुकुमार...	...	...	131
रजत रश्मियों की छाया में	...	...	132
रजनी ओढ़े जाती थी	...	...	133
रागभीनी तू सजनि निश्वास भी तेरे रंगीले	...	...	135
रूपसि तेरा घन-केश-पाश	...	...	137
रे पपीहे पी कहाँ	...	...	139
लय गीत मदिर, गति ताल अमर	...	...	140
लौट जा ओ मलय-मारुत के झकोरे	...	...	142

विरह का जलजात जीवन	...	...	143
विरह की घड़ियाँ हुईं अलि...	...	...	144
विहग-शावक से जिस दिन मूक	...	...	145
वे मुस्काते फूल, नहीं	...	...	147
शून्य मन्दिर में बनूँगी...	...	...	148
सजल है कितना सबेरा	...	...	149
सब आँखों के आँसू उजले..	...	...	150
सो रहा है विश्व...	...	...	152
स्वर्ग का था नीरव उच्छ्वास	...	...	153
हुए शूल अक्षत मुझे धूलि चन्दन	...	...	155
हे चिर महान	...	...	156

अलि कैसे उनको पाऊँ

अलि कैसे उनको पाऊँ?

वे आँसू बनकर मेरे,
इस कारण ढुलढुल जाते,
इन पलकों के बन्धन में,
मैं बाँध बाँध पछताऊँ!

मेघों में विद्युत्-सी छबि,
उनकी बनकर मिट जाती,
आँखों की चित्रपटी में,
जिससे मैं आँक न पाऊँ

वे आभा बन खो जाते,
शशि-किरणों की उलझन में,
जिसमें उनको कण-कण में,
ढूँढूँ पहिचान न पाऊँ!

सोते, सागर की धड़कन,
बन, लहरों की थपकी से,
अपनी यह करुण कहानी,
जिसमें उनको न सुनाऊँ!

वे तारक-बालाओं की,
अपलक चितवन बन आते,
जिसमें उनकी छाया भी,
मैं छू न सकूँ अकुलाऊँ!

वे चुपके से मानस में,
आ छिपते उच्छ्वासें बन,
जिसमें उनको साँसों में,
देखूँ पर रोक न पाऊँ!

वे स्मृति बनकर मानस में,
खटका करते हैं निशि दिन,
उनकी इस निष्ठुरता को
जिसमें मैं भूल न जाऊँ!

–रश्मि

आज क्यों तेरी वीणा मौन

आज क्यों तेरी वीणा मौन?

शिथिल शिथिल तन थकित हुए कर,
स्पन्दन भी भूला जाता उर,
मधुर कसक सा आज हृदय में
आन समाया कौन?
आज क्यों तेरी वीणा मौन?

झुकती आतीं पलकें निश्चल,
चित्रित निद्रित से तारक चल,
सोता पारावार दृगों में
भर भर लाया कौन?
आज क्यों तेरी वीणा मौन?

बाहर घन-तम भीतर दुख-तम,
नभ में विद्युत् तुझमें प्रियतम,
जीवन पावस रात बनाने
सुधि बन छाया कौन?
आज क्यों तेरी वीणा मौन?

—नीरजा

आज तार मिला चुकी हूँ

आज तार मिला चुकी हूँ!

सुमन में संकेत-लिपि,
चंचल विहग स्वर-ग्राम जिसके,
बात उठता, किरण के,
निर्झर झुके, लय-भार जिसके,
वह अनामा रागिनी अब साँस में ठहरा चुकी हूँ!

सिन्धु चलता मेघ पर
रुकता तड़ित का कंठ गीला,
कंटकित सुख से धरा,
जिसकी व्यथा से व्योम नीला,
एक स्वर में विश्व की दोहरी कथा कहला चुकी हूँ!

आज तार मिला चुकी हूँ!

एक ही उर में पले,
पथ एक से दोनों चले हैं,
पलक-पुलिनों पर, अधर
उपकूल पर दोनों पले हैं,
एक ही झंकार में युग अश्रु-हास धुला चुकी हूँ!

रग-रस-संसृति समेटे,
रात लौटी प्रात, लौटे,
लौटते युग कल्प पल
पतझार औ' मधुमास लौटे,
राग में अपने कहो किसको न पार बुला चुकी हूँ!

निष्करुण जो हँस रहे थे
तारकों में दूर ऐंठे,
स्वप्न नभ के आज,
पानी हो तृणों के साथ बैठे,
पर न मैं अब तक व्यथा का छंद अन्तिम गा चुकी हूँ!

आज तार मिला चुकी हूँ!

–दीपशिखा

ओ विभावरी

ओ विभावरी!

चाँदनी का अंगराग,
माँग में सजा पराग,
रश्मि-तार बाँध मृदुल
चिकुर-भार री!
ओ विभावरी!

अनिल घूम देश देश,
लाया प्रिय का संदेश,
मोतियों के सुमन कोष
वार वार री!
ओ विभावरी!

लेकर मृदु ऊर्म्मबीन,
कुछ मधुर करुण नवीन,
प्रिय की पदचाप-मदिर
गा मलार री!
ओ विभावरी!

बहने दे तिमिर भार,
बुझने दे यह अंगार,
पहिन सुरभि का दुकूल
वकुल हार री!
ओ विभावरी!

--नीरजा

किस सुधि-वसन्त का सुमन-तीर

किस सुधि-वसन्त का सुमन-तीर,
कर गया मुग्ध मानस अधीर?

वेदना गगन से रजतओस,
चू-चू भरती मन-कंज-कोष,
अलि सी मँडराती विरह-पीर।

मंजरित नवल मृदु देह-डाल,
खिल-खिल उठा नव पुलक-जाल,
मधु-कन सा छलका नयन-नीर।

अधरों से झरता स्मित पराग,
प्राणों में गूँजा नेह-राग,
सुख का बहता मलयज समीर।

धुल-धुल जाता यह हिम-दुराव,
गा-गा उठते चिर मूक-भाव,
अलि सिहर-सिहर उठता शरीर।

–रश्मि

किसी नक्षत्रलोक से टूट

किसी नक्षत्रलोक से टूट
विश्व के शतदल पर अज्ञात;
ढुलक जो पड़ी ओस की बूँद
तरल मोती सा ले मृदुगात,
नाम से जीवन से अनजान कहो क्या परिचय दे नादान?

किसी निर्मम कर का आघात
छेड़ता जब वीणा के तार,
अनिल के चल पंखों के साथ
दूर जो उड़ जाती झंकार,
जन्म ही उसे विरह की रात सुनावे क्या वह मिलन प्रभात?

चाह शैशव सा परिचयहीन
पलक-दोलों में पल भर झूल,
कपोलों पर जो ढुल चुपचाप
गया कुम्हला आँखों का फूल,
एक ही आदि अन्त की साँस कहे वह क्या पिछला इतिहास?

मूक हो जाता वारिद-घोष
जगा कर जब सारा संसार,
गूँजती, टकराती असहाय
धरा से जो प्रतिध्वनि सुकुमार,
देश का जिसे न निज का भान बतावे क्या अपनी पहिचान?

सिन्धु को क्या परिचय दें देव
बिगड़ते बनते वीचि-विलास?
क्षुद्र हैं मेरे बुद्‌बुद्-प्राण
तुम्हीं में सृष्टि तुम्हीं में नाश।
मुझे क्यों देते हो अभिराम! थाह पाने का दुस्तर काम?

जन्म ही जिसको हुआ वियोग
तुम्हारा ही तो हूँ उच्छ्‌वास;
चुरा लाया जो विश्व-समीर
वही पीड़ा की पहली साँस।
छोड़ क्यों देते बारम्बार मुझे तम से करने अभिसार?

छिपा है जननी का अस्तित्व
रुदन में शिशु के अर्थविहीन;
मिलेगा चित्रकार का ज्ञान
चित्र की ही जड़ता में लीन;
दृगों में छिपा अश्रु का हार सुभग है तेरा ही उपहार।

—रश्मि

कीर का प्रिय आज पिंजर खोल दो

कीर का प्रिय आज पिंजर खोल दो!

हो उठी है चंचु छूकर,
तीलियाँ भी वेणु सस्वर;
बन्दिनी स्पन्दित व्यथा ले,
सिहरता जड़ मौन पिंजर!
आज जड़ता में इसी की बोल दो!

जग पड़ा छू अश्रु-धारा,
हत परों का विभव सारा;
अब अलस बन्दी युगों का
ले उड़ेगा शिथिल कारा!
पंख पर वे सजल सपने तोल दो!

क्या तिमिर कैसी निशा है
आज विदिशा ही दिशा है;
दूर खग आ निकटता के
अमर बन्धन में बसा है!
प्रलय घन में आज राका घोल दो!

चपल पारद सा विकल तन,
सजल नीरद सा भरा मन,
नाप नीलाकाश ले जो
बेड़ियों का माप यह बन,
एक किरण अनन्त दिन की मोल दो!

—सान्ध्यगीत

कैसे संदेश प्रिय पहुँचाती

कैसे संदेश प्रिय पहुँचाती!

दृग-जल की सित मसि है अक्षय,
मसिप्याली, झरते तारक-द्वय;
पल-पल के उड़ते पृष्ठों पर,
सुधि से लिख श्वासों के अक्षर
मैं अपने ही बेसुधपन में
लिखती हूँ कुछ, कुछ लिख जाती!

छायापथ में छाया से चल,
कितने आते जाते प्रतिपल;
लगते उनके विभ्रम इंगित,
क्षण में रहस्य, क्षण में परिचित;
मिलता न दूत वह चिरपरिचित
जिसको उर का धन दे आती!
कैसे संदेश प्रिय पहुँचाती!

अज्ञात पुलिन से, उज्ज्वलतर,
किरणें प्रवाल-तरिणी में भर,
तम के नीलम-कूलों पर नित,
जो ले आती अरुणा सस्मित
वह मेरी करुण कहानी में

मुस्कानें अंकित कर जाती!
सज केशर-पट तारक-बेंदी,
दृग अंजन मृदु पद में मेहंदी,
आती भर मदिरा से गगरी,
संध्या अनुराग सुहाग भरी;
मेरे विषाद में वह अपने
मधुरस की बूँदें छलकाती!

डाले नव घन का अवगुंठन,.
दृग-तारक में सकरुण चितवन,
पगध्वनि से सपने जाग्रत कर,
श्वासों से फैला मूक तिमिर,
निशि अभिसारों में आँसू से
मेरी मनुहारें धो जाती!
कैसे संदेश प्रिय पहुँचाती!

—नीरजा

कोई यह आँसू आज माँग ले जाता

कोई यह आँसू आज माँग ले जाता!

तापों से खारे जो विषाद से श्यामल,
अपनी चितवन में छान इन्हें कर मधु-जल,
फिर इनसे रचकर एक घटा करुणा की
कोई यह जलता व्योम आज छा जाता!

वर क्षार-शेष का माँग रही जो ज्वाला,
जिसको छूकर हर स्वप्न बन चला छाला,
निज स्नेह-सिक्त जीवन-बाती से कोई,
दीपक कर इसको उर-उर में पहुँचाता!

तम कारा-बन्दी सान्ध्य रंगों सी चितवन,
पाषाण चुराये हैं लहरों से स्पन्दन,
ये निर्मम बन्धन खोल तड़ित् के कर से,
चिर रंग रूपों से फिर यह शून्य बसाता!

सिकता से तुलती साध क्षार से उर-धन,
पारस-साँसें बेमोल ले चला हर क्षण,
प्राणों के विनिमय से इनको ले कोई
दिव का किरीट भू का श्रृंगार बनाता!

कोई यह आँसू आज माँग ले जाता!

—दीपशिखा

क्या पूजन क्या अर्चन रे?

क्या पूजन क्या अर्चन रे?

उस असीम का सुन्दर मन्दिर मेरा लघुतम जीवन रे!
मेरी श्वासें करती रहतीं नित प्रिय का अभिनन्दन रे!

पदरज को धोने उमड़े आते लोचन में जलकण रे!
अक्षत पुलकित रोम, मधुर मेरी पीड़ा का चन्दन रे!

स्नेह भरा जलता है झिलमिल मेरा यह दीपक मन रे!
मेरे दृग के तारक में नव उत्पल का उन्मीलन रे!

धूप बने उड़ते जाते हैं प्रतिपल मेरे स्पन्दन रे!
प्रिय प्रिय जपते अधर, ताल देता पलकों का नर्तन रे!

क्या पूजन क्या अर्चन रे!

—नीरजा

घिरती रहे रात

घिरती रहे रात!

न पथ रूँधतीं ये
गहनतम शिलायें
न गति रोक पातीं
पिघल मिल दिशायें
चली मुक्त मैं ज्यों मलय की मधुर वात!
घिरती रहे रात!

न आँसू गिने औ'
न काँटे सँजोये,
न पग चाप दिग्भ्रांत,
उच्छ्वास खोये,
मुझे भेंटता हर पलक-पात में प्रात!
घिरती रहे रात!

नयन-ज्योति वह
यह हृदय का सबेरा,
अतल सत्य प्रिय का,
लहर स्वप्न मेरा,
कही चिर विरह ने मिलन की नयी बात!
घिरती रहे रात!

स्वजन, स्वर्ण कैसा
न जो ज्वाल धोया?
हँसा कब तड़ित् में
न जो मेघ रोया?
लिया साध ने तोल अंगार-संघात!
घिरती रहे रात!

जले दीप को
फूल का प्राण दे दो,
शिखा लय-भरी,
साँस को दान-दे दो,
खिले अग्नि-पथ में सजल मुक्ति-जलजात!
घिरती रहे रात!

—दीपशिखा

चाहता है यह पागल प्यार

चाहता है यह पागल प्यार,
अनोखा एक नया संसार।

कलियों के उच्छ्वास शून्य में ताने एक वितान,
तुहिन-कणों पर मृदु कम्पन से सेज बिछा दे गान,
जहाँ सपने हों पहरेदार;
अनोखा एक नया संसार।

करते हों आलोक जहाँ बुझ-बुझ कर कोमल प्राण,
जलने में विश्राम जहाँ मिटने में हो निर्वाण,
वेदना मधु-मदिरा की धार;
अनोखा एक नया संसार।

मिल जावें उस पार क्षितिज के सीमा सीमाहीन,
गर्वीले नक्षत्र धरा पर लोटें हो कर दीन,
उदधि हो नभ का शयनागार;
अनोखा एक नया संसार।

जीवन की अनुभूति-तुला पर अरमानों से तोल,
यह अबोध मन मूक व्यथा से ले पागलपन मोल,
करें दृग आँसू का व्यापार;
अनोखा एक नया संसार।

—नीहार

चिर सजग आँखें उनींदी...

चिर सजग आँखें उनींदी आज कैसा व्यस्त बाना!
जाग तुझको दूर जाना!

अचल हिमगिरि के हृदय में आज चाहे कम्प हो ले,
या प्रलय के आँसुओं में मौन अलसित व्योम रो ले,
आज पी आलोक को डोले तिमिर की घोर छाया,
जागकर विद्युत-शिखाओं में निठुर तूफान बोले!
पर तुझे है नाश-पथ पर चिह्न अपने छोड़ आना!
जाग तुझको दूर जाना!

बाँध लेंगे क्या तुझे यह मोम के बन्धन सजीले?
पन्थ की बाधा बनेंगे तितलियों के पर रंगीले?
विश्व का क्रन्दन भुला देगी मधुप की मधुर गुनगुन,
क्या डुबा देंगे तुझे यह फूल के दल ओस-गीले?
तू न अपनी छाँह को अपने लिए कारा बनाना!
जाग तुझको दूर जाना!

वज्र का उर एक छोटे अश्रुकण में धो गलाया,
दे किसे जीवन-सुधा दो घूँट मदिरा माँग लाया?
सो गयी आँधी मलय की रात का उपधान ले क्या?
विश्व का अभिशाप क्या चिर-नींद बनकर पास आया?
अमरता-सुत चाहता क्यों मृत्यु को डर में बसाना?
जाग तुझको दूर जाना!

कह न ठंडी साँस में अब भूल वह जलती कहानी,
आग हो उर में तभी दृग में सजेगा आज पानी;
हार भी तेरी बनेगी मानिनी जय की पताका,
राख क्षणिक पतंग की है अमर दीपक की निशानी!
है तुझे अंगार-शय्या पर मृदुल कलियाँ बिछाना
जाग तुझको दूर जाना!

—सान्ध्यगीत

चुभते ही तेरा अरुण बान

चुभते ही तेरा अरुण बान।
बहते कन-कन से फूट-फूट मधु के निर्झर से सजल गान।
इन कनक रश्मियों में अथाह,
लेता हिलोर तम-सिन्धु जाग;
बुद्बुद् से बह चलते अपार
उसमें विहगों के मधुर राग;
बनती प्रवाल का मृदुल कूल जो क्षितिज-रेख थी कुहर म्लान
नव कुन्द-कुसुम से मेघ-पुंज,
बन गये इन्द्रधनुषी वितान,
दे मृदु कलियों की चटक, ताल,
हिम-बिन्दु नचाती तरल प्राण,
धो स्वर्ण-प्रात में तिमिर-गात दुहराते अलि निशि-मूक तान।
सौरभ का फैला केश-जाल,
करतीं समीर-परियाँ बिहार;
गीली केशर-मद झूम-झूम,
पीते तितली के नवकुमार;
मर्मर का मधु संगीत छेड़ देते हैं हिल पल्लव अजान।
फैला अपने मृदु स्वप्न-पंख
उड़ नयी नींद-निशि क्षितिज पार;
अधखुले दृगों के कंज-कोष;
पर छाया विस्मृति का खुमार;
रंग रहा हृदय ले अश्रु-हास यह चतुर चितेरा सुधि-विहान।

—रश्मि

छाया की आँखमिचौनी

छाया की आँखमिचौनी
मेघों का मतवालापन,
रजनी के श्याम कपोलों
पर ढरकीले श्रम के कन;

फूलों की मीठी चितवन
नभ की ये दीपावलियाँ,
पीले मुख पर संध्या के
वे किरणों की फुलझड़ियाँ;

विधु की चाँदी की थाली
मादक मकरन्द भरी सी,
जिसमें उजियारी रातें
लुटतीं घुलतीं मिसरी सी।

भिक्षुक से फिर जाओगे
जब लेकर यह अपना धन,
करुणामय तब समझोगे
इन प्राणों का महंगापन।

क्यों आज दिये देते हो
अपना मरकत-सिंहासन?
यह है मेरे मरु-मानस
का चमकीला सिकता-कन।

आलोक यहाँ लुटता है
बुझ जाते हैं तारागण,
अविराम जला करता है
पर मेरा दीपक सा मन।

जिसकी विशाल छाया में
जग बालक सा सोता है,
मेरी आँखों में वह दुख
आँसू बनकर खोता है।

जग हँसकर कह देता है
मेरी आँखें हैं निर्धन,
इनके बरसाये मोती
क्या वह अब तक पाया गिन?

मेरी लघुता पर आती
जिस दिव्य लोक को ब्रीड़ा
उसके प्राणों से पूछो
वे पाल सकेंगे पीड़ा?

उनसे कैसे छोटा है
मेरा यह भिक्षुक जीवन
उनमें अनन्त करुणा है
इसमें असीम सूनापन।

—नीहार

जग करुण करुण, मैं मधुर मधुर

जग करुण करुण, मैं मधुर मधुर!
दोनों मिलकर देते रजकण चिर करुण मधुर सुन्दर सुन्दर!

जग पतझर का नीरव रसाल,
पहने हिमजल की अश्रुमाल,
मैं पिक बन गाती डाल डाल,
सुन फूट फूट उठते पल पल सुख-दुख-मंजरियों के अंकुर!

विस्मृति-शशि के हिम-किरण-बाण,
करते जीवन-सर मूक प्राण,
बन मलय-पवन चढ़ रश्मि-यान,
मैं आती ले मधु का संदेश भरने नीरव उर में मर्मर!

यह नियति-तिमिर-सागर अपार
बुझते जिसमें तारक-अंगार;
मैं प्रथम रश्मि सी कर श्रृंगार,
आ अपनी छबि से ज्योतिर्मय कर देती उसकी लहर लहर!

युग से थीं प्रिय की मूक बीन,
थे तार शिथिल कम्पनविहीन;
मैंने द्रुत उनकी नींद छीन,
सूनापन कर डाला क्षण में नव झंकारों से करुण मधुर!

जग करुण करुण, मैं मधुर मधुर!

—नीरजा

जाग बेसुध जाग

जाग बेसुध जाग!

अश्रुकण से उर सजाया त्याग हीरक-हार,
भीख दुख की माँगने फिर जो गया प्रति द्वार,
शूल जिसने फूल छू चन्दन किया सन्ताप,
सुन जगाती है उसी सिद्धार्थ की पद-चाप;
करुणा के दुलारे जाग!

शंख में ले नाश मुरली में छिपा वरदान,
दृष्टि में जीवन अधर में सृष्टि ले छविमान,
आ रचा जिसने स्वरों में प्यार का संसार,
गूँजती प्रतिध्वनि उसी की फिर क्षितिज के पार;
वृन्दांविपिन वाले जाग!

× × ×

रात के पथहीन तम में मधुर जिसके श्वास,
फैल भरते लघु कणों में भी असीम सुवास,
कंटकों की सेज जिसकी आँसुओं का ताज,
सुभग! हँस उठ, उस प्रफुल्ल गुलाब ही सा आज;
बीती रजनि प्यारे जाग!

—नीरजा

जाने किस जीवन की सुधि ले

जाने किस जीवन की सुधि ले
लहराती आती मधु-बयार!

रंजित कर दे यह शिथिल चरण ले नव अशोक का अरुण राग,
मेरे मंडन को आज मधुर ला रजनीगंधा का पराग;
यूथी की मीलित कलियों से
अलि दे मेरी कवरी सँवार!

पाटल के सुरभित रंगों से रंग दे हिम सा उज्ज्वल दुकूल,
गुथ दे रशना में अलि-गुंजन से पूरित झरते वकुल-फूल;
रजनी से अंजन माँग सजनि
दे मेरे अलसित नयन सार!

तारक-लोचन से सींच सींच नभ करता रज को विरज आज,
बरसाता पथ में हरसिंगार केशर से चर्चित सुमन-लाज;
कंटकित रसालों पर उठता
है पागल पिक मुझको पुकार!
लहराती आती मधु बयार!

—सान्ध्यगीत

जो न प्रिय पहिचान पाती

जो न प्रिय पहिचान पाती!

दौड़ती क्यों प्रति शिरा में प्यास विद्युत्-सी तरल बन,
क्यों अचेतन रोम पाते चिर व्यथामय सजग जीवन?
किसलिये हर साँस तम में
सजल दीपक राग गाती!

चाँदनी के बादलों से स्वप्न फिर फिर घेरते क्यों?
मदिर सौरभ से सने क्षण दिवस-रात बिखेरते क्यों?
सजग स्मित क्यों चितवनों के
सुप्त प्रहरी को जगाती!

मेघ-पथ में चिह्न विद्युत् के गये जो छोड़ प्रिय-पद,
जो न उनकी चाप का मैं जानती सन्देश उन्मद,
किसलिये पावस नयन में
प्राण में चातक बसाती!

कल्प-युगव्यापी विरह को एक सिहरन में सँभाले,
शून्यता भर तरल मोती से मधुर सुधि-दीप बाले,
क्यों किसी के आगमन के
शकुन स्पन्दन में मनाती?

—दीपशिखा

टूट गया वह दर्पण निर्मम

टूट गया वह दर्पण निर्मम!

उसमें हँस दी मेरी छाया,
मुझमें रो दी ममता माया,
अश्रु-हास ने विश्व सजाया,
रहे खेलते आँखमिचौनी
प्रिय! जिसके परदे में 'मैं' 'तुम'!
टूट गया वह दर्पण निर्मम!

अपने दो आकार बनाने,
दोनों का अभिसार दिखाने,
भूलों का संसार बसाने,
जो झिलमिल झिलमिल सा तुमने
हँस हँस दे डाला था निर्मम!
टूट गया वह दर्पण निर्मम!

कैसा पतझर कैसा सावन,
कैसी मिलन विरह की उलझन,
कैसा पल घड़ियोंमय जीवन,
कैसे निशि-दिन कैसे सुख-दुख
आज विश्व में तुम हो या तम!
टूट गया वह दर्पण निर्मम!

किसमें देख सँवारूं कुन्तल,
अंगराग पुलकों का मल मल,
स्वप्नों से आँजूं पलकें चल,
किस पर रीझूँ किससे रूठूँ
भर लूँ किस छबि से अन्तरतम!
टूट गया वह दर्पण निर्मम!

आज कहाँ मेरा अपनापन,
तेरे छिपने का अवगुंठन,
मेरा बन्धन तेरा साधन,
तुम मुझमें अपना सुख देखो
मैं तुम में अपना दुख प्रियतम!
टूट गया वह दर्पण निर्मम!

—नीरजा

तरल मोती से नयन भरे

तरल मोती से नयन भरे!

मानस से ले उठे स्नेह-घन,
कसक-विद्युपलकोंकेहिमकण,
सुधि-स्वाती की छाँह पलक की सीपी में उतरे!

सित दृग हुए क्षीर-लहरी से
तारे मरकत नील तरी से,
सूखे पुलिनों सी वरुणी से फेनिल फूल झरे!

पारद से अनबींध मोती,
साँस इन्हें बिन तार पिरोती,
जग के चिर शृंगार हुए, जब रजकण में बिखरे!

क्षार हुए, दुख में मधु भरने,
तपे, प्यास का आतप हरने,
इनसे धुलकर धूल भरे सपने उजले निखरे!

तरल मोती से नयन भरे!

–दीपशिखा

तुम मुझ में प्रिय फिर परिचय क्या

तुम मुझ में प्रिय! फिर परिचय क्या!

तारक में छबि प्राणों में स्मृति,
पलकों में नीरव पद की गति,
लघु उर में पुलकों की संसृति,
भर लायी हूँ तेरी चंचल
और करूँ जग में संचय क्या!

तेरा मुख सहास अरुणोदय,
परछाईं रजनी विषादमय,
यह जागृति वह नींद स्वप्नमय,
खेल खेल थक थक सोने दो
मैं समझूँगी सृष्टि प्रलय क्या!

तेरा अधर-विचुम्बित प्याला,
तेरी ही स्मित-मिश्रित हाला,
तेरा ही मानस मधुशाला,
फिर पूछूँ क्या मेरे साकी!
देते हो मधुमय विषमय क्या?

रोम रोम में नन्दन पुलकित,
साँस साँस में जीवन शत शत,
स्वप्न स्वप्न में विश्व अपरिचित,
मुझमें नित बनते मिटते प्रिय!
स्वर्ग मुझे क्या निष्क्रिय लय क्या?

हारूँ तो खोऊँ अपनापन,
पाऊँ प्रियतम में निर्वासन,
जीत बनूँ तेरा ही बन्धन,
भर लाऊँ सीपी में सागर
प्रिय मेरी अब हार विजय क्या?

चित्रित तू मैं हूँ रेखा-क्रम,
मधुर राग तू मैं स्वर संगम,
तू असीम मैं सीमा का भ्रम,
काया छाया में रहस्यमय!
प्रेयसि प्रियतम का अभिनय क्या?
तुम मुझ में प्रिय! फिर परिचय क्या!

—नीरजा

तुहिन के पुलिनों पर छबिमान

तुहिन के पुलिनों पर छबिमान
किसी मधु दिन की लहर समान,
स्वप्न की प्रतिमा पर अनजान
वेदना का ज्यों छाया-दान;

विश्व में यह भोला जीवन
स्वप्न जागृति का मूक मिलन,
बाँध अंचल में विस्मृत-धन
कर रहा किसका अन्वेषण?

धूलि के कण में नभ की चाह
बिन्दु में दुख का जलधि अथाह,
एक स्पन्दन में स्वप्न अपार
एक पल असफलता का भार;

साँस में अनुतापों का दाह
कल्पना का अविराम प्रवाह
यही तो हैं इसके लघु प्राण
शाप वरदानों के सन्धान!

भरे उर में छबि का मधुमास
दृगों में अश्रु अधर में हास,
ले रहा किसका पावस-प्यार
विपुल लघु प्राणों में अवतार?

नील नभ का असीम विस्तार
अनल के धूमिल कण दो चार,
सलिल से निर्झर वीचि-विलास
मन्द मलयानिल से उच्छ्वास,
धरा से ले परमाणु उधार,
किया किसने मानव साकार?

दृगों में सोते हैं अज्ञात
निदाघों के दिन पावस-रात;
सुधा का मधु हाला का राग
व्यथा के धन अतृप्ति की आग।

छिपे मानस में पवि नवनीत
निमिष की गति निर्झर के गीत,
अश्रु की उर्म्मि हास का वात
कुहू का तम माधव का प्रात!

हो गये उर में क्या वपुमान
क्षुद्रता रज की नभ का मान,
स्वर्ग की छबि रौरव की छाँह
शीत हिम की बाड़व का दाह?

और यह विस्मय का संसार
अखिल वैभव का राजकुमार,
धूलि में क्यों खिलकर नादान
उसी में होता अन्तर्धान?

काल के प्याले में अभिनव
ढाल जीवन का मधु-आसव,
नाश के हिम-अधरों से, मौन
लगा देता है आकर कौन?

बिखर कर कन-कन में लघु प्राण
गुनगुनाते रहते यह तान
'अमरता है जीवन का ह्रास
मृत्यु जीवन का चरम विकास'।

दूर है अपना लक्ष्य महान
एक जीवन पग एक समान;
अलक्षित परिवर्तन की डोर
खींचती हमें इष्ट की ओर।

छिपाकर उर में निकट प्रभात
गहनतम होती पिछली रात;
सघन वारिद अम्बर से छूट
सफल होते जल-कण में फूट।

स्निग्ध अपना जीवन कर क्षार
दीप करता आलोक प्रसार;
गला कर मृत्पिण्डों में प्राण
बीज करता असंख्य निर्माण।

सृष्टि का है यह अमिट विधान
एक मिटने में सौ वरदान,
नष्ट कब अणु का हुआ प्रयास
विफलता में है पूर्ति-विकास।

तू धूल-भरा ही आया

तू धूल-भरा ही आया!
ओ चंचल जीवन-बाल! मृत्यु-जननी ने अंक लगाया!

साधों ने पथ के कण मदिरा से सींचे,
झंझा आँधी ने फिर फिर आ दृग मींचे,
आलोक तिमिर ने क्षण का कुहक बिछाया!

अंगार-खिलौनों का था मन अनुरागी,
पर रोमों में हिम-जड़ित अवशता जागी,
शत शत प्यासों की चली लुभाती छाया!

गाढ़े विषाद ने अंग कर दिये पंकिल,
बिंध गये पगों में शूल व्यथा के दुर्मिल,
कर क्षार साँस ने उर का स्वप्न उड़ाया!

पाथेय-हीन जब छोड़ गये सब सपने,
आख्यान शेष रह गये अंक ही अपने,
तब उस अंचल ने दे संकेत बुलाया!

जिसदिनलौटातूचकितथकित-साउन्मन,
करुणा से उसके भर-भर आये लोचन,
तब उस अंचल ने दे संकेत बुलाया!

जिस दिन लौटा तू चकित चकित-सा उन्मन,
करुणा से उसके भर-भर आये लोचन,
चितवन छाया में दृग जल से नहलाया!

पलकों पर धर-धर अगणित शीतल चुम्बन,
अपनी साँसों से पोंछ वेदना के क्षण,
हिम-स्निग्ध करों से बेसुध प्राण सुलाया!

नूतन प्रभात में अक्षय गति का वर दे,
तन सजल घटा-सा तड़ित-छटा-सा उर दे,
हँस तुझे खेलने फिर जग में पहुँचाया!

तू धूल-भरा जब आया,
ओ चंचल जीवन-बाल! मृत्यु-जननी ने अंक लगाया!

—दीपशिखा

दिया क्यों जीवन का वरदान

दिया क्यों जीवन का वरदान?

इसमें है स्मृतियों का कम्पन;
सुप्त व्यथाओं का उन्मीलन;
स्वप्नलोक की परियाँ इसमें
भूल गयीं मुस्कान।

इसमें है झंझा का शैशव;
अनुरंजित कलियों का वैभव,
मलय पवन इसमें भर जाता
मृदु लहरों के गान।

इन्द्रधनुष सा घन अंचल में
तुहिन-बिन्दु सा किसलय दल में;
करता है पल पल में देखो
मिटने का अभिमान।

सिकता में अंकित रेखा सा;
वात-विकम्पित दीपशिखा सा;
काल-कपोलों पर आँसू सा
ढुल जाता हो म्लान।

—रश्मि

दीप मेरे जल अकम्पित

दीप मेरे जल अकम्पित,
घुल अचंचल!

सिन्धु का उच्छ्वास घन है
तड़ित्, तम का विकल मन है,
भीति क्या नभ है व्यथा का
आँसुओं से सिक्त अंचल!

स्वर-प्रकम्पित कर दिशायें,
मीड़ सब भू की शिरायें,
गा रहे आँधी-प्रलय
तेरे लिये ही आज मंगल!

मोह क्या निशि के वरों का,
शलभ के झुलसे परों का
साथ अक्षय ज्वाल का
तू ले चला अनमोल सम्बल!

पथ न भूले, एक पग भी,
घर न खोये, लघु विहग भी,
स्निग्ध लौ की तूलिका से
आँक सब की छाँह उज्ज्वल!

हो लिये सब साथ अपने,
मृदुल आहटहीन सपने,
तू इन्हें पाथेय बिन, चिर
प्यास के मरु में न खो चल!

धूम में अब बोलना क्या,
क्षार में अब तोलना क्या?
प्रात हँस रोकर गिनेगा,
स्वर्ण कितने हो चुके पल!

दीप रे तू गल अकम्पित, चल अचंचल!

–दीपशिखा

धीरे-धीरे उतर क्षितिज से

धीरे-धीरे उतर क्षितिज से
आ वसन्त रजनी!

तारकमय नव वेणी-बन्धन,
शीश-फूल कर शशि का नूतन
रश्मि-वलय सित घन-अवगुण्ठन,
मुक्ताहल अभिराम बिछा दे
चितवन से अपनी!
पुलकती आ वसन्त रजनी!

मर्मर की सुमधुर नूपुर-ध्वनि
अलि-गुंजित पद्मों की किंकिणि,
भर पद-गति में अलस तरंगिणि,
तरल रजत की धार बहा दे
मृदु स्मित से सजनी!
विहँसती आ वसन्त रजनी!

पुलकित स्वप्नों की रोमावलि,
कर में हो स्मृतियों की अंजलि
मलयानिल का चल दुकूल अलि,
घिर छाया सी श्याम, विश्व को
आ अभिसार बनी!
सकुचती आ वसन्त रजनी!

सिहर सिहर उठता सरिता-उर,
खुल खुल पड़ते सुमन सुधा भर,
मचल मचल आते पल फिर फिर,
सुन प्रिय की पद-चाप हो गयी
पुलकित यह अवनी!
सिहरती आ वसन्त रजनी!

—नीरजा

न थे जब परिवर्तन दिन-रात

न थे जब परिवर्तन दिन-रात,
नहीं आलोक तिमिर थे ज्ञात,
व्याप्त क्या सूने में सब ओर,
एक कम्पन थी एक हिलोर?

न जिसमें स्पन्दन था न विकार,
न जिसका आदि न उपसंहार,
सृष्टि के आदि आदि में मौन,
अकेला सोता था वह कौन?

स्वर्ण-लूता सी कब सुकुमार
हुई उसमें इच्छा साकार?
उगल जिसने तिनरंगे तार,
बुन लिया अपना ही संसार!

बदलता इन्द्रधनुष सा रंग,
सदा वह रहा नियति के संग,
नहीं उसको विराम विश्राम,
एक बनने मिटने का काम!

सिन्धु की जैसे तप्त उसाँस,
दिखा नभ में लहरों का लास;
घात प्रतिघातों की खा चोट,
अश्रु बन फिर आ जाती लौट!

बुलबुले मृदु उर के से भाव,
रश्मियों से कर कर अपनाव;
यथा हो जाते जलमय प्राण
उसी में आदि वही अवसान!

धरा की जड़ता उर्वर बन,
प्रकट करती अपार जीवन;
उसी में मिलते वे द्रुततर,
सींचने क्या नवीन अंकुर?

मृत्यु का प्रस्तर-सा उर चीर,
प्रवाहित होता जीवन-नीर,
चेतना से जड़ का बन्धन,
यही संसृति का हृत्कम्पन!

विविध रंगों के मुकुर सँवार,
जड़ा जिसने यह कारागार;
बना क्या बन्दी वही अपार,
अखिल प्रतिबिम्बों का आधार?

वक्ष पर जिसके जल उडुगण,
बुझा देते असंख्य जीवन;
कनक औ नीलम-यानों पर,
दौड़ते जिस पर निशि-वासर;

पिघल गिरि से विशाल बादल,
न कर सकते जिसको चंचल;
तड़ित् की ज्वाला घन-गर्जन,
जगा पाते न एक कम्पन;

उसी नभ सा क्या वह अविकार
और परिवर्तन का आधार?
पुलक से उठ जिसमें सुकुमार,
लीन होते असंख्य संसार!

--रश्मि

निशा की, धो देता राकेश

निशा की, धो देता राकेश
चाँदनी में जब अलकें खोल,
कली से कहता था मधुमास
बता दो मधु मदिरा का मोल!

झटक जाता था पागल वात
धूलि में तुहिन कणों के हार,
सिखाने जीवन का संगीत
तभी तुम आये थे इस पार।

बिछाती थी सपनों के जाल
तुम्हारी वह करुणा की कोर
गयी वह अधरों की मुस्कान
मुझे मधुमय पीड़ा में बोर।

भूलती थी मैं सीखे राग
बिछलते थे कर बारम्बार,
तुम्हें तब आता था करुणेश!
उन्हीं मेरी भूलों पर प्यार।

गये तब से कितने युग बीत
हुए कितने दीपक निर्वाण,
नहीं पर मैंने पाया सीख
तुम्हारा सा मनमोहन गान।

नहीं अब गाया जाता देव!
थकी अँगुली, हैं ढीले तार
विश्ववीणा में अपनी आज
मिला लो यह अस्फुट झंकार

—नीहार

पंथ होने दो अपरिचित

पंथ होने दो अपरिचित प्राण रहने दो अकेला!

घेर ले छाया अमा बन,
आज कज्जल-अश्रुओं में रिमझिमा ले यह घिरा घन;
और होंगे नयन सूखे
तिल बुझे औ' पलक रूखे,
आर्द्र चितवन में यहाँ
शत विद्युतों में दीप खेला!

पंथ होने दो अपरिचित प्राण रहने दो अकेला!

अन्य होंगे चरण हारे,
और हैं जो लौटते, दे शूल को संकल्प सारे;
दुखव्रती निर्माण उन्मद,
यह अमरता नापते पद,
बाँध देंगे अंक-संसृति
से तिमिर में स्वर्ण बेला!

दूसरी होगी कहानी
शून्य में जिसके मिटे स्वर, धूलि में खोयी निशानी;
आज जिस पर प्रलय विस्मित,
मैं लगाती चल रही नित,
मोतियों की हाट औ'
चिनगारियों का एक मेला!

हास का मधु-दूत भेजो,
रोष की भ्रू-भंगिमा पतझार को चाहे सहेजो!
ले मिलेगा उर अचंचल,
वेदना-जल, स्वप्न-शतदल
जान लो वह मिलन एकाकी
विरह में है दुकेला!

पंथ होने दो अपरिचित प्राण रहने दो अकेला!

—दीपशिखा

पथ देख बिता दी रैन

पथ देख बिता दी रैन
मैं प्रिय पहचानी नहीं।

तम ने धोया नभ पंथ
सुवासित हिमजल से;
सूने आँगन में दीप
जला दिये झिलमिल से;
आ प्रात बुझा गया कौन
अपरिचित, जानी नहीं!
मैं प्रिय पहचानी नहीं!

धर कनक-थाल में मेघ
सुनहला पाटल सा,
कर बालारुण का कलश
विहग-रव मंगल सा,
आया प्रिय-पथ से प्रात
सुनायी कहानी नहीं!
मैं प्रिय पहचानी नहीं!

नव इन्द्रधनुष सा चीर
महावर अंजन ले,
अलि-गुंजित मीलित पंकज
-नूपुर रुनझुन ले,

फिर आयी मनाने साँझ
मैं बेसुध मानी नहीं
मैं प्रिय पहचानी नहीं!

इन श्वासों को इतिहास
आँकते युग बीते;
रोमों में भर भर पुलक
लौटते पल रीते;
यह ढुलक रही है याद
नयन से पानी नहीं!
मैं प्रिय पहचानी नहीं!

अलि कुहरा सा नभ, विश्व
मिटे बुद्‌बुद्-जल सा;
यह दुख का राज्य अनन्त
रहेगा निश्चल सा;
हूँ प्रिय की अमर सुहागिनि
पथ की निशानी नहीं!
मैं प्रिय पहचानी नहीं!

—नीरजा

पथ मेरा निर्वाण बन गया

पथ मेरा निर्वाण बन गया!
प्रति पर शत वरदान बन गया!

आज थके चरणों ने सूने तम में विद्युत-लोक बसाया,
बरसाती है रेणु चाँदनी की यह मेरी धूमिल छाया,
प्रलय-मेघ भी गले मोतियों
का हिम-तरल उफान बन गया!

अंजन-वदना चकित दिशाओं ने चित्रित अवगुंठन डाले,
रजनी ने मरकत-वीणा पर हँस किरणों के तार सँभाले,
मेरे स्पन्दन से झंझा का
हर-हर लय-संधान बन गया!

पारद-सी गल हुईं शिलाएँ दुर्गम नभ चन्दन-आँगन-सा,
अंगराग घनसार बनी रज, आतप सौरभ-आलेपन-सा,
शूलों का विष मृदु कलियों के
नव मधुपर्क समान बन गया!

मिट-मिटकर हर साँस लिख रही शत शत मिलन-विरह का लेखा,
निज को खोकर निमिष आँकते अनदेखे चरणों की रेखा,
पल भर का वह स्वप्न तुम्हारी
युग युग की पहचान बन गया!

देते हो तुम फेर हास मेरा निज करुणा-जलकणमय कर,
लौटाते हो अश्रु मुझे तुम अपनी स्मित के रंगों भर,
आज मरण का दूत तुम्हें छू
नेरा पाहुन प्राण बन गया!

—दीपशिखा

पूछो न प्रात की बात आज

पूछो न प्रात की बात आज
आँधी की राह चलो!

जाते रवि ने फिर देखा क्या भर चितवन में,
मुख-छवि बिम्बित हुई कणों के हर दर्पण में,
दिन बनने के लिये तिमिर को
भर कर अंक जलो!

ताप बिना खण्डों का मिल पाना अनहोना,
बिना अग्नि के जुड़ा न लोहा-माटी-सोना,
ले टूटे संकल्प-स्वप्न उर
ज्वाला में पिघलो!

तुमने लेकर तिमिर-भार क्या अपने काँधे,
तट पर बाँधी तरी, चरण तरणी से बाँधे
कड़ियाँ शत-शत गलें स्वयं
अंगारों पर विछलो!

रोम-रोम में वासंती तरुणायी झाँकी,
तुमने देखी नहीं मरण की वह छबि बाँकी,
तिमिर पर्व में गलो
अजर नूतन में आज ढलो!
आज आँधी के साथ चलो!

—प्रमा

प्राण-रमा पतझार सजनि

प्राण-रमा पतझार सजनि अब नयन बसी बरसात री!

वह प्रिय दूर पंथ अनदेखा,
श्वास मिटाते स्मृति की रेखा,
पथ बिन अन्त, पथिक छायामय,
साथ कुहकिनी रात री!

संकेतों में पल्लव बोले
मृदु कलियों ने आँसू तोले
असमंजस में डूब गया,
आया हँसता जो प्रात री!

नभ पर दुख की छाया नीली,
तारों की पलकें हैं गीली,
रोते मुझ पर मेघ,
आह रूँधे फिरता है वात री!

लघु पल युग का भार सँभाले,
अब इतिहास बने हैं छाले,
स्पन्दन शब्द व्यथा की पाती,
दूत नयन जलजात री!

प्राण-रमा पतझार सजनि अब नयन बसी बरसात री!

—सान्ध्यगीत

प्राणों के अन्तिम पाहुन

प्राणों के अन्तिम पाहुन!

चाँदनी-धुला, अंजन सा, विद्युत्-मुस्कान बिछाता,
सुरभित समीर-पंखों से उड़ जो नभ में घिर आता,
वह वारिद तुम आना बन!

ज्यों श्रान्त पथिक पर रजनी छाया सी आ मुस्काती,
भारी पलकों में धीरे निद्रा का मधु ढुलकाती,
त्यों करना बेसुध जीवन!

अज्ञात लोक से छिप-छिप ज्यों उतर रश्मियाँ आतीं,
मधु पीकर प्यास बुझाने फूलों के उर खुलवातीं
छिप आना तुम छायातन!

हिम से जड़ नीला अपना निस्पन्द हृदय ले आना,
मेरा जीवन-दीपक धर उसको सस्पन्द बनाना,
हिम होने देना यह तन!

कितनी करुणाओं का मधु कितनी सुषमा की लाली,
पुतली में छा[illegible] भरी है मैंने जीवन की प्याली,
पी कर लेना शीतल मन!

कितने युग बीत गये इन निधियों का करते संचय,
तुम थोड़े से आँसू दे इन सब को कर लेना क्रय,
अब हो व्यापार विसर्जन!

है अन्तहीन लय यह जग पल पल है मधुमय कम्पन,
तुम इसकी स्वरलहरी में धोना अपने श्रम के कण,
मधु से भरना सूनापन!

पाहुन से आते जाते कितने सुख के दुख के दल,
वे जीवन के क्षण-क्षण में भरते असीम कोलाहल,
तुम बन आना नीरव क्षण!

तेरी छाया में दिव को हँसता है गर्वीला जग,
तू एक अतिथि जिसका पथ हैं देख रहे अगणित दृग,
साँसों में घड़ियाँ गिन-गिन!

–रश्मि

—नीरजा

प्रिय इन नयनों का अश्रु-नीर

प्रिय इन नयनों का अश्रु-नीर!

दुख से आविल सुख से पंकिल,
बुद्‌बुद्‌ से स्वप्नों से फेनिल,
बहता है युग युग से अधीर!

जीवन-पथ का दुर्गमतम तल,
अपनी गति से कर सजल सरल,
शीतल करता युग तृषित तीर!

इसमें उपजा यह नीरज सित,
कोमल कोमल लज्जित मीलित,
सौरभ सी लेकर मधुर पीर!

इसमें न पंक का चिह्न शेष,
इसमें न ठहरता सलिल-लेष,
इसको न जगाती मधुप-भीर!

तेरे करुणा-कण से विलसित,
हो तेरी चितवन से विकसित,
छू तेरी श्वासों का समीर!

—नीरजा

प्रिय! सान्ध्य गगन मेरा जीवन

प्रिय! सान्ध्य गगन
मेरा जीवन!

यह क्षितिज बना धुँधला विराग,
नव अरुण अरुण मेरा सुहाग,
छाया सी काया वीतराग,
सुधि भीने स्वप्न रंगीले घन!

साधों का आज सुनहलापन,
घिरता विषाद का तिमिर सघन,
सन्ध्या का नभ से मूक मिलन,
यह अश्रुमती हँसती चितवन!

प्रिय! सान्ध्य गगन मेरा जीवन!

लाता भर श्वासों का समीर,
जग से स्मृतियों का गंध धीर,
सुरभित हैं जीवन-मृत्यु-तीर
रोमों में पुलकित कैरव-वन!

प्रिय! सान्ध्य गगन मेरा जीवन!

अब आदि-अन्त दोनों मिलते,
रजनी-दिन-परिणय से खिलते,
आँसू मिस हिम के कण ढुलते,
ध्रुव आज बना स्मृति का चल क्षण!

प्रिय! सान्ध्य गगन मेरा जीवन!

इच्छाओं के सोने से सर,
किरणों से द्रुत झीने सुन्दर,
सूने असीम नभ में चुभकर,
बन बन आते नक्षत्र-सुमन!

प्रिय! सान्ध्य गगन मेरा जीवन!

घर आज चले सुख-दुःख विहग,
तम पोंछ रहा मेरा अग जग,
छिप आज चला वह चित्रित मग,
उतरो अब पलकों में पाहुन!

—सान्ध्यगीत

प्रिय सुधि भूले री मैं पथ भूली

प्रिय सुधि भूले री मैं पथ भूली!

मेरे ही मृदु उर में हँस बस,
श्वासों में भर मादक मधु रस;
लघु कलिका के चल परिमल से
वे नभ छाये री मैं वन फूली!
प्रिय सुधि भूले री मैं पथ भूली!

तज उनका गिरि सा गुरु अन्तर,
मैं सिकता-कण सी आयी झर;
आज सजनि उनसे परिचय क्या?
वे घन-चुम्बित मैं पथ भूली!
प्रिय सुधि भूले री मैं पथ भूली!

उनकी वीणा की नव कम्पन,
डाल गयी री मुझ में जीवन;
खोज न पायी उसका पथ मैं,
प्रतिध्वनि सी सूने में झूली!
प्रिय सुधि भूले री मैं पथ भूली!

बीन भी हूँ मैं तुम्हारी रागिनी भी हूँ

बीन भी हूँ मैं तुम्हारी रागिनी भी हूँ!

नींद थी मेरी अचल निस्पन्द कण कण में
प्रथम जागृति थी जगत के प्रथम स्पन्दन में,
प्रलय में मेरा पता पदचिह्न जीवन में,
शाप हूँ जो बन गया वरदान बन्धन में;
कूल भी हूँ कूलहीन प्रवाहिनी भी हूँ!

नयन में जिसके जलद वह तृषित चातक हूँ,
शलभ जिसके प्राण में वह निठुर दीपक हूँ,
फूल को उर में छिपाये विकल बुलबुल हूँ,
एक होकर दूर तन से छाँह वह चल हूँ
दूर तुमसे हूँ अखण्ड सुहागिनी भी हूँ!

आग हूँ जिससे ढुलकते बिन्दु हिमजल के,
शून्य हूँ जिसको बिछे हैं पाँवड़े पल के,
पुलक हूँ वह जो पला है कठिन प्रस्तर में,
हूँ वही प्रतिबिम्ब जो आधार के उर में,
नील घन भी हूँ सुनहली दामिनी भी हूँ!

नाश भी हूँ मैं अनन्त विकास का क्रम भी,
त्याग का दिन भी चरम आसक्ति का तम भी,
तार भी आघात भी झंकार की गति भी,
पात्र भी मधु भी मधुप भी मधुर विस्मृति भी,
अधर भी हूँ और स्मित की चाँदनी भी हूँ!

—नीरजा

मधुर मधुर मेरे दीपक जल

मधुर मधुर मेरे दीपक जल!
युग युग प्रतिदिन प्रतिक्षण प्रतिपल,
प्रियतम का पथ आलोकित कर!

सौरभ फैला विपुल धूप बन,
मृदुल मोम सा घुल रे मृदु तन;
दे प्रकाश का सिन्धु अपरिमित,
तेरे जीवन का अणु गल गल!
पुलक पुलक मेरे दीपक जल!

सारे शीतल कोमल नूतन,
माँग रहे तुझसे ज्वाला कण;
विश्व-शलभ सिर धुन कहता 'मैं
हाय न जल पाया तुझ में मिल'!
सिहर सिहर मेरे दीपक जल!

जलते नभ में देख असंख्यक
स्नेहहीन नित कितने दीपक;
जलमय सागर का उर जलता,
विद्युत ले घिरता है बादल!
विहँस विहँस मेरे दीपक जल!

द्रुम के अंग हरित कोमलतम,
ज्वाला को करते हृदयंगम;
वसुधा के जड़ अन्तर में भी,
बन्दी है तापों की हलचल;
बिखर बिखर मेरे दीपक जल!

मेरी निश्वासों से द्रुततर,
सुभग न तू बूझने का भय कर;
मैं अंचल की ओट किये हूँ,
अपनी मृदु पलकों से चंचल!
सहज सहज मेरे दीपक जल!

सीमा ही लघुता का बन्धन,
है अनादि तू मत घड़ियाँ गिन;
मैं दृग के अक्षय कोषों से
तुझमें भरती हूँ आँसू जल!
सजल सजल मेरे दीपक जल!

तम असीम तेरा प्रकाश चिर
खेलेंगे नव खेल निरन्तर;
तम के अणु-अणु में विद्युत् सा,
अमिट चित्र अंकित करता चल!
सरल सरल मेरे दीपक जल!

तू जल जल जितना होता क्षय,
वह समीप आता छलनामय;
मधुर मिलन में मिट जाना तू
उसकी उज्ज्वल स्मित में घुल खिल!!
मदिर मदिर मेरे दीपक जल!
प्रियतम का पथ आलोकित कर!

—नीरजा

मिट चली घटा अधीर

मिट चली घटा अधीर!

चितवन तम-श्याम रंग,
इन्द्रधनुष भ्रकुटि भंग,
विद्युत् का अंगराग,
दीपित मृदु अंग-अंग,
उड़ता नभ में अछोर तेरा नव नील चीर!

अविरत गायक विहंग,
लास-निरत किरण संग,
पग-पग पर उठते बज
चापों में जलतरंग,
आयी किसकी पुकार लय का आवरण चीर?

थम गया मदिर विलास,
सुख का वह दीप्त हास,
टूटे सब वलय-हार,
व्यस्त चीर अलक-पाश,
बिंध गया अजान आज किसका मृदु-कठिन तीर?

मिट चली घटा अधीर!

छाया में सजल रात,
जुगुनू में स्वप्न-जात,
लेकर, नव अन्तरिक्ष,
बुनती निश्वास-वात,
विगलित हर रोम हुआ रज से सुन नीर नीर!

प्यासे का जान ग्राम,
झुलसे का पूछ नाम,
धरती के चरणों पर
नभ के धर शत प्रणाम
गल गया तुषार-भार बनकर वह छबि-शरीर!

रूपों के जग अनन्त,
रंग-रस के चिर वसन्त,
बन कर साकार हुआ,
तेरा वह अमर अन्त,
भू का निर्वाण हुई तेरी वह करुण पीर!
घुल गयी घटा अधीर!

–दीपशिखा

मेरी है पहेली बात

मेरी है पहेली बात!

रात के झीने सितांचल
से बिखर मोती बने जल,
स्वप्न पलकों में बिखर झर
प्रात होते अश्रु केवल!
सजनि मैं उतनी करुण हूँ, करुण जितनी रात!

मुस्कुराकर राग मधुमय
वह लुटाता पी तिमिर विष,
आँसुओं का क्षार पी मैं
बाँटती नित स्नेह का रस!
सुभग मैं उतनी मधुर हूँ, मधुर जितना प्रात!

ताप जर्जर विश्व उर पर
तूल से घन छा गये भर,
दुःख से तप हो मृदुलतर
उमड़ता करुणा भरा उर!
सजनि मैं उतनी सजल जितनी सजल बरसात!

मेरी है पहेली बात!

—सान्ध्यगीत

मेरे ओ विहग से गान

मेरे ओ विहग से गान!

सो रहे उर-नीड़ में मृदु पंख सुख-दुख के समेटे,
सघन विस्मृति में उनींदी अलस पलकों को लपेटे,
तिमिर सागर से धुले
दिशिकूल से अनजान!

खोजता तुमको कहाँ से आ गया आलोक-सपना?
चौंक तौले पंख, तुमको याद आया कौन अपना?
कुहर में तुम उड़ चले
किस छाँह को पहचान?

शून्य में यह साध-बोझिल पंख रचते रश्मि-रेखा?
गति तुम्हारी रंग गयी परिचित रंगों से पथ अदेखा,
एक कम्पन कर रही
शत इन्द्रधनुष निर्माण!

तैर-तम-जल में जिन्होंने ज्योति के बुद्बुद् जगाये,
वे सजीले स्वर तुम्हारे क्षितिज सीमा बाँध आये,
हँस उठा अब अरुण शतदल
सा ज्वलित दिनमान!

नभ अपरिमित में भले हो पंथ का साथी सबेरा,
खोज का पर अन्त है यह तृण-कणों का लघु बसेरा
तुम उड़ो ले धूलि का
करुणा-सजल वरदान!

—दीपशिखा

मैं अनन्त पथ में लिखती जो

मैं अनन्त पथ में लिखती जो
सस्मित सपनों की बातें
उनको कभी न धो पायेंगी
अपने आँसू से रातें।

तारों में प्रतिबिम्बित हो
मुस्कायेंगी अनन्त आँखें,
होकर सीमाहीन, शून्य में
मँडरायेंगी अभिलाषें।

उड़ उड़ कर जो धूल करेगी
मेघों का नभ में अभिषेक,
अमिट रहेगी उसके अंचल
में मेरी पीड़ा की रेख।

वीणा होगी मूक बजाने
वाला होगा अन्तर्धान,
विस्मृत के चरणों पर आकर
लोटेंगे सौ सौ निर्वाण।

जब असीम से हो जायेगा
मेरी लघु सीमा का मेल,
देखोगे तुम देव! अमरता
खेलेगी मिटने का खेल!

—नीहार

मैं नीर भरी दुख की बदली

मैं नीर भरी दुख की बदली!

स्पन्दन में चिर निस्पन्द बसा,
क्रन्दन में आहत विश्व हँसा,
नयनों में दीपक से जलते
पलकों में निर्झरिणी मचली!

मेरा पग पग संगीत भरा,
श्वासों से स्वप्न-पराग झरा,
नभ के नव रंग बुनते दुकूल,
छाया में मलय-बयार पली!

मैं क्षितिज-भृकुटि पर घिर धूमिल,
चिन्ता का भार बनी अविरल,
रज-कण पर जल-कण हो बरसी
नवजीवन-अंकुर हो निकली!

पथ को न मलिन करता आना,
पद-चिह्न न दे जाता जाना,
सुधि मेरे आगम की जग में
सुख की सिहरन हो अन्त खिली!

विस्तृत नभ का कोई कोना,
मेरा न कभी अपना होना,
परिचय इतना इतिहास यही
उमड़ी कल थी मिट आज चली!

--सान्ध्यगीत

मैं बनी मधुमास आली

मैं बनी मधुमास आली!

आज मधुर विषाद की घिर करुण आयी यामिनी;
बरस सुधि के इन्दु से छिटकी पुलक की चाँदनी;
उमड़ आयी री दृगों में
सजनि कालिन्दी निराली!

रजत-स्वप्नों में उदित अपलक विरल तारावली;
जाग सुख-पिक ने अचानक मदिर पंचम तान ली;
बह चली निश्वास की मृदु
वात मलय-निकुंज पाली!

सजल रोमों में बिछे हैं पाँवड़े मधु स्नात से;
आज जीवन के निमिष भी दूत हैं अज्ञात से;
क्या न अब प्रिय की बजेगी
मुरलिका मधु-रागवाली?

मैं बनी मधुमास आली!

—नीरजा

मैं सजग चिर साधना ले

मैं सजग चिर साधना ले!

सजग प्रहरी से निरन्तर,
जागते अलि रोम निर्भर;
निमिष के बुद्बुद् मिटाकर,
एक रस है समय-सागर;
हो गयी आराध्यमय मैं विरह की आराधना ले!

मूँद पलकों में अचंचल
नयन का जादूभरा तिल,
दे रही हूँ अलख अविकल
को सजीला रूप तिल तिल;
आज वर दो मुक्ति आवे बन्धनों की कामना ले!

विरह का युग आज दीखा,
मिलन के लघु पल सरीखा;
दुःख सुख में कौन तीखा,
मैं न जानी औ' न सीखा!
मधुर मुझको हो गये सब मधुर प्रिय की भावना ले!

मैं सजग चिर साधना ले!

—सान्ध्यगीत

यह मन्दिर का दीप

यह मन्दिर का दीप इसे नीरव जलने दो!

रजत शंख-घड़ियाल स्वर्ण वंशी-वीणा-स्वर,
गये आरती वेला को शत-शत लय से भर;
जब था कलकंठों का मेला,
विहँसे उपल तिमिर था खेला,
अब मन्दिर में इष्ट अकेला,
इसे अजिर का शून्य गलाने को गलने दो!

चरणों से चिह्नित अलिन्द की भूमि सुनहली,
प्रणत शिरों के अंक लिये चन्दन की दहली,
झरे सुमन बिखरे अक्षत सित,
धूप-अर्घ्य नैवेद्य अपरिमित
तम में सब होंगे अन्तर्हित,
सब की अर्चित कथा इसी लौ में पलने दो!

पल के मनके फेर पुजारी विश्व सो गया,
प्रतिध्वनि का इतिहास प्रस्तरों बीच खो गया,
साँसों की समाधि सा जीवन,
मसि-सागर सा पंथ गया बन
रुका मुखर कण-कण का स्पन्दन,
इस ज्वाला में प्राण-रूप फिर से ढलने दो!

झंझा है दिग्भ्रान्त रात की मूर्च्छा गहरी,
आज पुजारी बने, ज्योति का यह लघु प्रहरी,
जब तक लौटे दिन की हलचल,
तब तक यह जागेगा प्रतिपल,
रेखाओं में भर आभा-जल,
दूत साँझ का इसे प्रभाती तक चलने दो!

यह मन्दिर का दीप इसे नीरव जलने दो!

–दीपशिखा

यह सपने सुकुमार...

यह सपने सुकुमार तुम्हारी स्मित से उजले!

छूकर मेरे सजल दृगों की मधुर कहानी,
इनका हर कण हुआ अमर करुणा वरदानी,
उड़े तृणों की बात तारकों से कहने यह
चुन प्रभात के गीत, साँझ के रंग सलज ले!

लिये छाँह के साथ अश्रु का कुहक सलोना
चले बसाने महाशून्य का कोना कोना,
इनकी गति में आज मरण बेसुध बन्दी है,
कौन क्षितिज का पाश इन्हें जो बाँध सहज ले!

पंथ माँगना इन्हें नहीं, पाथेय न लेना
उन्नत मूक असीम, मुखर सीमित तल देना,
बादल सा उठ इन्हें उतरना है जल-कण-सा,
नभ विद्युत् के बाण, सजा शूलों को रज ले!

जाते अक्षरहीन व्यथा की लेकर पाती,
लौटाना है इन्हें स्वर्ग से भू की थाती,
यह संचारी दीप, ओट इनको झंझा दे,
आगे बढ़, ले प्रलय, भेंट तम आज गरज ले!

छायापथ में अंक बिखर जावें इनके जब,
फूलों में खिल रूप निखर आवें इनके जब,
वर दो तब यह बाँध सकें सीमा में तुमको,
मिलन-विरह के निमिष गुथीं साँसों की स्रज ले!

—दीपशिखा

रजत रश्मियों की छाया में

रजत रश्मियों की छाया में धूमिल घन सा वह आता;
इस निदाघ से मानस में करुणा के स्रोत बहा जाता।

उसमें मर्म छिपा जीवन का,
एक तार अगणित कम्पन का,
एक सूत्र सब के बन्धन का,
संसृति के सूने पृष्ठों में करुणकाव्य वह लिख जाता।

वह उर में आता बन पाहुन,
कहता मन से 'अब न कृपण बन',
मानस की निधियाँ लेता गिन,
दृग द्वारों को खोल विश्व-भिक्षुक पर, हँस बरसा आता।

यह जग है विस्मय से निर्मित,
मूक पथिक आते जाते नित,
नहीं प्राण प्राणों से परिचित,
यह उनका संकेत नहीं जिसके बिन विनिमय हो पाता।

मृग मरीचिका के चिर पथ पर,
सुख आता प्यासों के पग धर,
रुद्ध हृदय के पट लेता कर,
गर्वित कहता 'मैं मधु हूँ मुझसे क्या पतझर का नाता'।

दुख के पद छू बहते झरझर,
कण कण से आँसू के निर्झर,
हो उठता जीवन मृदु उर्वर,
लघु मानस में वह असीम जग को आमन्त्रित कर लाता।

–रश्मि

रजनी ओढ़े जाती थी

रजनी ओढ़े जाती थी
झिलमिल तारों की जाली,
उसके बिखरे वैभव पर
जब रोती थी उजियाली।
शशि को छूने मचली-सी
लहरों का कर-कर चुम्बन,
बेसुध तम की छाया का
तटनी करती आलिंगन;
अपनी जब करुण कहानी
कह जाता है मलयानिल,
आँसू से भर जाता जब
सूखा अवनी का अंचल।

पल्लव के डाल हिंडोले
सौरभ सोता कलियों में
छिप-छिप किरणें आतीं जब
मधु से सींची गलियों में
आँखों में रात बिता जब
विधु ने पीला मुख फेरा,
आया फिर चित्र बनाने
प्राची में प्रात चितेरा
कन-कन में जब छायी थी
वह नवयौवन की लाली,
मैं निर्धन तब आयी ले,
सपनों से भर कर डाली।

जिन चरणों की नख-आभा
ने हीरक-जाल लजाये,
उन पर मैंने धुँधले से
आँसू दो-चार चढ़ाये,

इन ललचायी पलकों पर
पहरा जब था ब्रीड़ा का
साम्राज्य मुझे दे डाला
उस चितवन ने पीड़ा का।

उस सोने के सपने को
देखे कितने दिन बीते,
आँखों के कोष हुए हैं
मोती बरसा कर रीते।

अपने इस सूनेपन की
मैं हूँ रानी मतवाली,
प्राणों का दीप जलाकर
करती रहती दीवाली;

मेरी आहें सोती हैं
इन ओठों की ओटों में,
मेरा सर्वस्व छिपा है
इन दीवानी चोटों में

चिन्ता क्या है, हे निर्मम
बुझ जाये दीपक मेरा,
हो जायेगा तेरा ही
पीड़ा का राज्य अँधेरा।

—नीहार

रागभीनी तू सजनि निश्वास भी तेरे रंगीले

रागभीनी तू सजनि निश्वास भी तेरे रंगीले

लोचनों में क्या मदिर नव?
देख जिसको नीड़ की सुधि फूट निकली बन मधुर रव;
झूलते चितवन गुलाबी
में चले घर खग हठीले!
रागभीनी तू सजनि निश्वास भी तेरे रंगीले!

छोड़ किस पाताल का पुर?
राग से बेसुध, चपल सपने सजीले नयन में भर;
रात नभ के फूल लायी
आँसुओं से कर सजीले!
रागभीनी तू सजनि निश्वास भी तेरे रंगीले!

आज इन तन्द्रिल पलों में!
उलझतीं अलकें सुनहली असित निशि के कुंतलों में!
सजनि नीलम रज भरे
रंग चूनरी के अरुण पीले!
रागभीनी तू सजनि निश्वास भी तेरे रंगीले!

रेख सी लघु तिमिर लहरी,
चरण छू तेरे हुई है सिन्धु सीमाहीन गहरी!
गीत तेरे पार जाते
बादलों की मृदु तरी ले!
रागभीनी तू सजनि निश्वास भी तेरे रंगीले!

कौन छायालोक की स्मृति,
कर रही रंगीन प्रिय के द्रुत पदों की अंक-संसृति;
सिहरती अलकें किये
देतीं विहँसते अधर गीले!
रागभीनी तू सजनि निश्वास भी तेरे रंगीले!

–सान्ध्यगीत

रूपसि तेरा घन-केश-पाश

रूपसि तेरा घन-केश-पाश!
श्यामल श्यामल कोमल कोमल,
लहराता सुरभित केश-पाश!

नभ-गंगा की रजत धार में,
धो आयी क्या इन्हें रात?
कम्पित हैं तेरे सजल अंग,
सिहरा सा तन हे सद्यस्नात!
भीगी अलकों के छोरों से
चूती बूँदें कर विविध लास!
रूपसि तेरा घन-केश-पाश!

सौरभ भीना झीना गीला
लिपटा मृदु अंजन सा दुकूल,
चल अंचल से झर झर झरते
पथ में जुगनू के स्वर्ण फूल;
दीपक से देता बार बार
तेरा उज्ज्वल चितवन विलास!
रूपसि तेरा घन-केश-पाश!

उच्छ्वसित वक्ष पर चंचल है
वक-पाँतों का अरविन्द हार;
तेरी निश्वासें छू भू को
बन बन जातीं मलयज बयार;

केकी-रव की नूपुर-ध्वनि सुन
जगती जगती की मूक प्यास!
रूपसि तेरा घन-केश-पाश!

इन स्निग्ध लटों से छा दे तन
पुलकित अंकों में भर विशाल;
झुक सस्मित शीतल चुम्बन से
अंकित कर इसका मृदुल भाल;
दुलरा दे ना बहला दे ना
यह तेरा शिशु जग है उदास!
रूपसि तेरा घन-केश-पाश!

—नीरजा

रे पपीहे पी कहाँ

रे पपीहे पी कहाँ?

खोजता तू इस क्षितिज से उस क्षितिज तक शून्य अम्बर,
लघु परों से नाप सागर,
नाप पाता प्राण मेरे
प्रिय समाकर भी कहाँ ?

हँस डुबा देगा युगों की प्यास का संसार भर तू,
कण्ठगत लघु बिन्दु कर तू!
प्यास ही जीवन, सकूँगी
तृप्ति में मैं जी कहाँ ?

मुखर! बन बन कर मिटेगी झूम तेरी मेघमाला,
मैं स्वयं जल और ज्वाला!
दीप सी जलती न तो यह
सजलता रहती कहाँ ?

साथ गति के भर रही हूँ विरति या आसक्ति के स्वर
मैं बनी प्रिय-चरण नूपुर!
प्रिय बसा उर में सुभग!
सुधि खोज की बसती कहाँ ?
रे पपीहे पी कहाँ ?

–सान्ध्यगीत

लय गीत मदिर, गति ताल अमर

लय गीत मदिर, गति ताल अमर
अप्सरि तेरा नर्तन सुन्दर!

आलोक-तिमिर सित-असित चीर,
सागर-गर्जन रुनझुन मँजीर;
उड़ता झंझा में अलक-जाल
मेघों में मुखरित किंकिण-स्वर!
अप्सरि तेरा नर्तन सुन्दर!

रवि-शशि तेरे अवतंस लोल
सीमन्त-जटित तारक अमोल;
चपला विभ्रम, स्मित इन्द्रधनुष,
हिमकण बन झरते स्वेद-निकर!
अप्सरि तेरा नर्तन सुन्दर!

युग हैं पलकों का उन्मीलन,
स्पन्दन में अगणित लय-जीवन;
तेरी श्वासों में नाच नाच
उठता बेसुध जग सचराचर!
अप्सरि तेरा नर्तन सुन्दर!

तेरी प्रतिध्वनि बनती मधु-दिन,
तेरी समीपता पावस-क्षण;
रूपसि! छूते ही तुझमें मिट,
जड़ पा लेता वरदान अमर!

अप्सरि तेरा नर्तन सुन्दर!

जड़ कण कण के प्याले झलमल,
छलकी जीवन-मदिरा छलछल;
पीती थक झुक झुक झूम झूम,
तू घूँट घूँट फेनिल शीकर!

अप्सरि तेरा नर्तन सुन्दर!

बिखराती जाती तू साहस
नव तन्मयता उल्लास लास;
हर अणु कहता उपहार बनूँ
पहले छू लूँ जो मृदुल अधर!

अप्सरि तेरा नर्तन सुन्दर!

हे सृष्टि-प्रलय के आलिंगन!
सीमा असीम के मूक मिलन!
कहता है तुझको कौन घोर,
तू चिर रहस्यमयि कोमलतर!

अप्सरि तेरा नर्तन सुन्दर!

तेरे हित जलते दीप-प्राण,
खिलते प्रसून हँसते विहान;
श्यामांगिनि! तेरे कौतुक को
बनता जग मिट मिट सुन्दरतर!
प्रिय-प्रेयसि! तेरा लाल अमर!

—नीरजा

लौट जा ओ मलय-मारुत के झकोरे

लौट जा ओ मलय-मारुत के झकोरे!

अतिथि रे अब रंगमय
मिश्री-घुला मधुपर्क कैसा!
मोतियों का अर्घ कैसा?
प्यालियाँ रीती कली की,
शून्य पल्लव के कटोरे!

भ्रमर-नूपुर-रव गया थम
मूर्च्छिता भू-किन्नरी है,
मूक पिक की वंशरी है!
आज तो वानीर-वन के
भी गये विश्वास सो रे!

निठुर नयनों में दिवस के
मेघ का रच एक सपना,
तड़ित् में भर पुलक अपना
माँग नभ से स्नेह-रस, दे
विश्व की पलकें भिगो रे!

लौटना जब धूलि, पथ में
हो हरित अंचल बिछाये,
फूल मंगल-घट सजाये,
चरण छूने के लिये, हों
मृदुल तृण करते निहोरे!

लौट जा ओ मलय-मारुत के झकोरे!

—दीपशिखा

विरह का जलजात जीवन

विरह का जलजात जीवन, विरह का जलजात!

वेदना में जन्म करुणा में मिला आवास;
अश्रु चुनता दिवस इसका अश्रु गिनती रात!
जीवन विरह का जलजात!

आँसुओं का कोष उर, दृग अश्रु की टकसाल;
तरल जल-कण से बने घन-सा क्षणिक मृदुगात!
जीवन विरह का जलजात!

अश्रु से मधुकण लुटाता आ यहाँ मधुमास
अश्रु ही की हाट बन आती करुण बरसात!
जीवन विरह का जलजात!

काल इसको दे गया पल-आँसुओं का हार;
पूछता इसकी कथा निश्वास ही में वात!
जीवन विरह का जलजात!

जो तुम्हारा हो सके लीला कमल यह आज,
खिल उठे निरुपम तुम्हारी देख स्मित का प्रात!
जीवन विरह का जलजात!

—नीरजा

विरह की घड़ियाँ हुईं अलि...

विरह की घड़ियाँ हुईं अलि मधुर मधु की यामिनी सी!

दूर के नक्षत्र लगते पुतलियों से पास प्रियतर,
शून्य नभ की मूकता में गूँजता आह्वान का स्वर,
आज है निःसीमता
लघु प्राण की अनुगामिनी सी!

एक स्पन्दन कह रहा है अकथ युग युग की कहानी;
हो गया स्मित से मधुर इन लोचनों का क्षार पानी;
मूक प्रतिनिश्वास है
नव स्वप्न की अनुरागिनी सी!

सजनि अन्तर्हित हुआ है 'आज' में धुँधला विफल 'कल',
हो गया है मिलन एकाकार मेरे विरह में मिल;
राह मेरी देखती
स्मृति निराश पुजारिनी सी!

फैलते हैं सान्ध्य नभ में भाव ही मेरे रंगीले,
तिमिर की दीपावली है रोम मेरे पुलक गीले;
बन्दिनी बनकर हुई
मैं बन्धनों की स्वामिनी सी!

विरह की घड़ियाँ हुईं अलि मधुर मधु की यामिनी सी!

विहग-शावक से जिस दिन मूक

विहग-शावक से जिस दिन मूक,
पड़े थे स्वप्न नीड़ में प्राण,
अपरिचित थी विस्मृति की रात,
नहीं देखा था स्वर्ण विहान!

रश्मि बन तुम आये चुपचाप,
सिखाने अपने मधुमय गान;
अचानक दीं वे पलकें खोल,
हृदय में बेध व्यथा का बान

हुए फिर पल में अन्तर्धान!

रंग रही थी सपनों के चित्र,
हृदय-कलिका मधु से सुकुमार;
अनिल बन सौ-सौ बार दुलार;
तुम्हीं ने खुलवाये उर-द्वार;

और फिर रहे न एक निमेष,
लुटा चुपके से सौरभ-भार;
रह गयी पथ में बिछ कर दीन,
दृगों की अश्रुभरी मनुहार

मूक प्राणों की विफल पुकार!

विश्व-वीणा में कब से मूक,
पड़ा था मेरा जीवन-तार;
न मुखरित कर पायी झकझोर
थक गयीं सौ सौ मलय बयार!

तुम्हीं रचते अभिनव संगीत,
कभी मेरे गायक इस पार;
तुम्हीं ने कर निर्मम आघात
छेड़ दी यह बेसुर झंकार

और उलझा डाले सब तार!

–रश्मि

वे मुस्काते फूल, नहीं

वे मुस्काते फूल, नहीं
जिनको आता है मुरझाना,
वे तारों के दीप, नहीं
जिनको भाता है बुझ जाना,

वे सूने से नयन, नहीं
जिनमें बनते आँसू मोती,
वह प्राणों की सेज, नहीं
जिसमें बेसुध पीड़ा सोती,

वे नीलम के मेघ, नहीं
जिनको है घुल जाने की चाह,
वह अनन्त ऋतुराज, नहीं
जिसने देखी जाने की राह,

ऐसा तेरा लोक, वेदना
नहीं, नहीं जिसमें अवसाद,
जलना जाना नहीं, नहीं
जिसने जाना मिटने का स्वाद।

क्या अमरों का लोक मिलेगा
तेरी करुणा का उपहार?
रहने दो हे देव! अरे
यह मेरा मिटने का अधिकार!

—नीहार

शून्य मन्दिर में बनूँगी...

शून्य मन्दिर में बनूँगी आज मैं प्रतिमा तुम्हारी!

अर्चना हों शूल भोले,
क्षार दृग-जल अर्घ्य हो ले,
आज करुणा-स्नात उजला
दुःख हो मेरा पुजारी!

नूपुरों का मूक छूना,
सरव कर दे विश्व सूना,
यह अगम आकाश उतरे
कम्पनों का हो भिखारी!

लोल तारक भी अचंचल,
चलन मेरा एक कुन्तल,
अचल रोमों में समायी
मुग्ध हो गति आज सारी!

राग मद की दूर लाली,
साध भी इसमें न पाली,
शून्य चितवन में बसेगी
मूक हो गाथा तुम्हारी!

शून्य मन्दिर में बनूँगी आज मैं प्रतिमा तुम्हारी!

—सान्ध्यगीत

सजल है कितना सबेरा

सजल है कितना सबेरा!

गहन तम में जो कथा इसकी न भूला,
अश्रु उस नभ के, चढ़ा सिर फूल फूला,
झूम झुक झुक कह रहा हर श्वास तेरा!

राख से अंगार-तारे झर चले हैं,
धूम-बन्दी रंग के निर्झर खुले हैं,
खोलता है पंख रूपों में अँधेरा!

कल्पना निज देख कर साकार होते,
और उसमें प्राण का संचार होते,
सो गया रख तूलिका दीपक चितेरा!

अलस पलकों से पता अपना मिटाकर,
मृदुल तिनकों में व्यथा अपनी छिपाकर,
नयन छोड़े स्वप्न ने, खग ने बसेरा!

ले उषा ने किरण-अक्षत हास-रोली,
रात अंकों से पराजय रेख धो ली,
राग ने फिर साँस का संसार घेरा!

सजल है कितना सबेरा!

—दीपशिखा

सब आँखों के आँसू उजले...

सब आँखों के आँसू उजले सब के सपनों में सत्य पला!

जिसने उसको ज्वाला सौंपी
उसने इसमें मकरन्द भरा,
आलोक लुटाता वह घुल-घुल
देता झर यह सौरभ बिखरा!
दोनों संगी पथ एक किन्तु कब दीप खिला कब फूल जला?

यह अचल धरा को भेंट रहा
शत शत निर्झर में हो चंचल,
चिर परिधि बना भू को घेरे
इसका नित उर्म्मिल करुणा-जल
कब सागर उर पाषाण हुआ, कब गिरि ने निर्मम तन बदला?

सब आँखों के आँसू उजले सब के सपनों में सत्य पला!

नभ तारक सा खंडित पुलकित
यह क्षुर-धारा को चूम रहा,
वह अंगारों का मधु-रस पी
केशर-किरणों-सा झूम रहा!
अनमोल बना रहने को कब टूटा कंचन हीरक पिघला?

नीलम मरकत के सम्पुट दो
जिनमें बनता जीवन-मोती,
इसमें ढलते सब रंग-रूप
उसकी आभा स्पन्दन होती!
जो नभ में विद्युत् मेघ बना वह रज में अंकुर हो निकला!

संसृति के प्रति पग में मेरी
साँसों का नव अंकन चुन लो,
मेरे बनने-मिटने में नित
अपनी साधों के क्षण गिन लो!
जलते खिलते बढ़ते जग में घुल मिल एकाकी प्राण चला!
सपने सपने में सत्य ढला!

सब आँखों के आँसू उजले सबके सपनों में सत्य पला!

–दीपशिखा

सो रहा है विश्व...

सो रहा है विश्व, पर प्रिय तारकों में जागता है!
नियति बन कुशली चितेरा
रंग गयी सुख दुख रंगों से
मृदुल जीवन पात्र मेरा!
स्नेह को देती सुधा भर अश्रु खारे माँगता है!
धूपछाँही विरह-वेला,
विश्व-कोलाहल बना वह
ढूँढ़ती जिसको अकेला;
छाँह दृग पहचानते पद-चाप यह उर जानता है!
रंगमय है देव दूरी!
छू तुम्हें रह जायेगी यह
चित्रमय क्रीड़ा अधूरी!
दूर रह कर खेलना पर मन न मेरा मानता है!
वह सुनहला हास तेरा
अंक भर घनसार सा
उड़ जायेगा अस्तित्व मेरा!
मूँद पलकें रात करती जब हृदय हठ ठानता है!
मेघ रूँधा अजिर गीला
टूटता सा इन्दु-कन्दुक
रवि झुलसता लोल पीला!
यह खिलौने और यह उर! प्रिय नयी असमानता है!

—सान्ध्यगीत

स्वर्ग का था नीरव उच्छ्वास

स्वर्ग का था नीरव उच्छ्वास
देव-वीणा का टूटा तार,
मृत्यु का क्षणभंगुर उपहार
रत्न वह प्राणों का श्रृंगार;
नयी आशाओं का उपवन
मधुर वह था मेरा जीवन!

क्षीरनिधि की थी सुप्त तरंग
सरलता का न्यारा निर्झर,
हमारा वह सोने का स्वप्न
प्रेम की चमकीली आकर;
शुभ्र जो था निर्मेघ गगन
सुभग मेरा संगी जीवन!

अलक्षित आ किसने चुपचाप
सुना अपनी सम्मोहन तान,
दिखाकर माया का साम्राज्य
बना डाला इसको अनजान?
मोह मदिरा का आस्वादन
किया क्यों हे भोले जीवन!

न रहता भौंरों का आह्वान
नहीं रहता फूलों का राज्य,
कोकिला होती अन्तर्धान
चला जाता प्यारा ऋतुराज;
असम्भव है चिर सम्मेलन
न भूलो क्षणभंगुर जीवन!

तुम्हें ठुकरा जाता नैराश्य
हँसा जाती है तुमको आश,
नचाता मायावी संसार
लुभा जाता सपनों का हास;
मानते विष को संजीवन
मुग्ध मेरे भूले जीवन!

विकसते मुरझाने को फूल
उदय होता छिपने को चन्द
शून्य होने को भरते मेघ
दीप जलता होने को मन्द;
यहाँ किसका अनन्त यौवन?
अरे अस्थिर छोटे जीवन!

छलकती जाती है दिन-रैन
लबालब तेरी प्याली मीत,
ज्योति होती जाती है क्षीण
मौन होता जाता संगीत;
करो नयनों का उन्मीलन
क्षणिक हे मतवाले जीवन!

शून्य सा बन जाओ गम्भीर
त्याग की हो जाओ झंकार;
इसी छोटे प्याले में आज
डुबा डालो सारा संसार;
लजा जायें यह मुग्ध सुमन
बनो ऐसे छोटे जीवन!

सखे! यह है माया का देश
क्षणिक है मेरा-तेरा संग,
यहाँ मिलता काँटों में बन्धु!
सजीला-सा फूलों का रंग
तुम्हें करना विच्छेद सहन
न भूलो हे प्यारे जीवन!

—नीहार

हुए शूल अक्षत मुझे धूलि चन्दन

हुए शूल अक्षत मुझे धूलि चन्दन!

अगरु धूम-सी साँस सुधि-गन्ध-सुरभित,
बनी स्नेह-लौ आरती चिर अकम्पित
हुआ नयन का नीर अभिषेक जल-कण!

सुनहले सजीले रंगीले धबीले
हसित कंटकित अश्रु-मकरन्द गीले,
बिखरते रहे स्वप्न के फूल अनगिन!

असित-श्वेत गन्धर्व जो सृष्टि लय के
दृगों को पुरातन, अपरिचित हृदय के,
सजग यह पुजारी मिले रात औ' दिन!

परधिहीन रंगों भरा व्योम-मन्दिर
चरण-पीठ भू का व्यथा-सिक्त मृदु उर,
ध्वनित सिन्धु में है रजत-शंख का स्वन!

कहो मत प्रलय द्वार पर रोक लेगा,
वरद मैं मुझे कौन वरदान देगा?
हुआ कब सुरभि के लिये फूल बन्धन?

व्यथा प्राण हूँ नित्य सुख का पता मैं,
धुला ज्वाल से मोम का देवता मैं,
सृजन-श्वास हो क्यों गिनूँ नाश के क्षण?
हुए शूल अक्षत मुझे धूलि चन्दन!

—दीपशिखा

हे चिर महान

हे चिर महान!

यह स्वर्ण रश्मि छू श्वेत भाल,
बरसा जाती रंगीन हास,
सेली बनता है इन्द्रधनुष
परिमल मल मल जाता बतास!
पर रागहीन तू हिमनिधान!

नभ में गर्वित झुकता न शीश
पर अंक लिये है दीन क्षार,
मन गल जाता नत विश्व देख,
तन सह लेता है कुलिश भार!
कितने मृदु कितने कठिन प्राण!

टूटी है कब तेरी समाधि,
झंझा लौटे शत हार हार;
बह चला दृगों से किन्तु नीर,
सुनकर जलते कण की पुकार!
सुख से विरक्त दुख में समान!

मेरे जीवन का आज मूक,
तेरी छाया से हो मिलाप;
तन तेरी साधकता छू ले,
मन ले करुणा की थाह नाप,
उर में पावस दृग में विहान!

—सान्ध्यगीत

आत्मिका

"गत छह दशकों में कविता में जितने आन्दोलन हुए हैं, उतने साहित्य की अन्य विधाओं में नहीं हो सके। इसके अनेक आर्थिक, सामाजिक, राजनीतिक कारण रहे। मुझमें, आन्दोलनों के प्रभाव ने, केवल मानव-गरिमा को ही अधिक गहराई से स्पर्श किया है, अन्य किसी आस्था विश्वास में परिवर्तन की भूमिका वे नहीं बन सके। प्रकृति के महादान में जैसे असीम धूप, जल, हवा, मिट्टी आदि पौधे को जन्म से ही मिल जाते हैं, परन्तु वह लेता उतना ही है, जितने में जीवन के साथ-साथ उसके रूप-रंग व रस की विशेषता बनी रहे, वैसे ही मेरे मन में अंकुरित भाव ने अपने युग का विविधतापूर्ण परिवेश स्वीकार किया है—अपनी विशेषता और भारतीय दृष्टि देकर आधुनिक कहलाने की इच्छा मुझे कभी नहीं हुई। समय-समय पर मैंने छायावाद, रहस्यवाद आदि अनेक वादों पर बहुत कुछ लिखा है। यहाँ उसे दोहराने की आवश्यकता नहीं है। 'आत्मिका' में मेरी ऐसी रचनाएँ संग्रहीत हैं जो मेरी जीवन-दृष्टि, दर्शन, सौन्दर्यबोध, काव्य-दृष्टि आदि का परिचय दे सकेंगी।"

—इस पुस्तक की भूमिका से

ISBN: 9788170284963
पृष्ठ: 104

महादेवी वर्मा की चर्चित पुस्तकें

दीपगीत

"मैंने ब्रजभाषा में जो तुकबन्दियाँ करना आरम्भ किया था उसमें भी दीपक और फूल की चर्चा अधिक है। फूलों को खिला देना तो मेरे हाथ में नहीं था, न मैं उन्हें मुरझाने से रोक सकती थी, किन्तु दीपकों का बुझाना जलाना तो मेरे हाथ में था। स्वभावतः दीपक की झिलमिलाहट का आकर्षण मेरे लिए विशेष था।

भारत के कला, अलंकरण, आस्था, ज्ञान, सौन्दर्यबोध, साहित्य आदि में दीपक का प्रतीक विशेष महत्त्व रखता है। मेरे निकट भी वह प्रतीक इतना आवश्यक है कि मैं उसके माध्यम से बुद्धि और हृदय दोनों की बात सहज ही कह सकती हूँ। काव्य में प्रतीक कवि के चरित्र और संघर्ष दोनों का संकेत देते हैं। मेरा यह प्रतीक मेरा कैसा परिचय देता है यह दूसरे ही बता सकते हैं।"

—इस पुस्तक की भूमिका

ISBN: 9788170284949
पृष्ठ: 104

महादेवी वर्मा की चर्चित पुस्तकें

नीलाम्बरा

"मेरे गीतों में प्रकृति मेरी भावानुकृति बनकर ही आ सकती थी, पर उसके सम्बन्ध में कुछ कहना मेरे लिए सहज नहीं। शब्द संकेत लौकिक पृष्ठभूमि में बनते हैं, अतः अलौकिक संवेगों की अभिव्यक्ति भी लौकिक शब्द प्रतीकों में ही सम्भव है। केवल अलौकिक संवेदना के भावपक्ष में प्रकृति के व्यापक रूप का फैलाव अधिक मिलेगा। जिन साधक कवियों ने प्रकृति को माया माना, उन्होंने भी उसकी निन्दा के लिए उस पर चेतना को आरोपित किया और उसके रूपाकर्षण को स्वीकार किया। जिन्होंने उसे अपने इष्ट के व्यापक सौन्दर्य की अभिव्यक्ति माना, वे भी उसे जड़ नहीं मान सकते थे। इस प्रकार वैदिक काल की अरण्यानी आज भी चेतना सम्पन्न है और बढ़ते विज्ञान के साथ पग मिलाकर चल सकेगी।"

—इस पुस्तक की भूमिका से

ISBN: 9788170284956
पृष्ठ: 104

सभी प्रमुख पुस्तक विक्रेताओं पर उपलब्ध या
इस वेबसाइट से मंगवाएं
www.rajpalpublishing.com

स्थापित 1912
100 वर्षों की
श्रेष्ठ प्रकाशन परम्परा
राजपाल

राजपाल एण्ड सन्ज़ की स्थापना एक शताब्दी पूर्व 1912 में लाहौर में हुई थी। आरम्भिक दिनों में अधिकतर धार्मिक, सामाजिक और देश-प्रेम की पुस्तकें प्रकाशित होती थीं और हिन्दी के अतिरिक्त अंग्रेज़ी, उर्दू व पंजाबी भाषा में भी पुस्तकें प्रकाशित की जाती थीं।

1947 में भारत-विभाजन के बाद राजपाल एण्ड सन्ज़ को नए सिरे से दिल्ली में स्थापित किया गया और साहित्यिक पुस्तकों के प्रकाशन का आरम्भ हुआ। रामधारी सिंह दिनकर, महादेवी वर्मा, बच्चन, अज्ञेय, शिवानी, आचार्य चतुरसेन, विष्णु प्रभाकर, राजेन्द्र यादव, मोहन राकेश, रांगेय राघव, कमलेश्वर और अन्य साहित्यिक लेखकों की कृतियाँ यहाँ से प्रकाशित होने लगीं। राजपाल एण्ड सन्ज़ से प्रकाशित *मधुशाला, कुरुक्षेत्र, मानस का हंस, आवारा मसीहा, कितने पाकिस्तान, आषाढ़ का एक दिन* जैसी पुस्तकें हिन्दी साहित्य की 'क्लासिक पुस्तकें' मानी जाती हैं और आज भी लोकप्रियता के शिखर पर हैं। भारत के राष्ट्रपतियों और प्रधानमंत्रियों की पुस्तकें प्रकाशित करने का गौरव भी राजपाल एण्ड सन्ज़ को प्राप्त है। नोबेल पुरस्कार से सम्मानित अर्थशास्त्री डॉ. अमर्त्य सेन की सभी पुस्तकों के हिन्दी अनुवाद यहाँ से प्रकाशित हैं। अन्तरराष्ट्रीय चर्चित पुस्तकों के अनुवाद, विश्वविख्यात कोशकार डॉ. हरदेव बाहरी द्वारा सम्पादित 'राजपाल' शब्दकोशों की श्रृंखला और किशोरों के लिए सैकड़ों पुस्तकें राजपाल एण्ड सन्ज़ से प्रकाशित हुई हैं।

पाठकों के स्वस्थ और सुरुचिपूर्ण मनोरंजन और ज्ञानवर्धन के लिए समर्पित राजपाल एण्ड सन्ज़ से हिन्दी और अंग्रेज़ी में पुस्तकें प्रकाशित होती हैं जो देश के सभी बड़े पुस्तक-विक्रेताओं और विश्व भर के ऑनलाइन विक्रेताओं के यहाँ उपलब्ध हैं।

राजपाल एण्ड सन्ज़

1590 मदरसा रोड, कश्मीरी गेट, दिल्ली-6, फोन: 011-23869812, 23865483
email: sales@rajpalpublishing.com, facebook: facebook.com/rajpalandsons
website: www.rajpalpublishing.com